云创业

共生·互生·再生

Cloud Venture

李 强　潘东燕

—— 著

厦门大学出版社
XIAMEN UNIVERSITY PRESS

国家一级出版社
全国百佳图书出版单位

图书在版编目(CIP)数据

云创业:共生·互生·再生/李强,潘东燕著.—厦门:厦门大学出
版社,2019.7
ISBN 978-7-5615-7470-6

Ⅰ.①云…　　Ⅱ.①李…②潘…　　Ⅲ.①云计算—商业模式—应
用—企业管理—创业—案例—中国　Ⅳ.①F279.23

中国版本图书馆 CIP 数据核字(2019)第 116124 号

出 版 人	郑文礼
责任编辑	潘　瑛　　王鹭鹏
封面设计	拙　君
技术编辑	朱　楷

出版发行	厦门大学出版社
社　　址	厦门市软件园二期望海路 39 号
邮政编码	361008
总 编 办	0592-2182177　　0592-2181406(传真)
营销中心	0592-2184458　　0592-2181365
网　　址	http://www.xmupress.com
邮　　箱	xmup@xmupress.com
印　　刷	厦门市万美兴印刷设计有限公司

开本	889 mm×1 194 mm　1/32
印张	9
字数	200 千字
版次	2019 年 7 月第 1 版
印次	2019 年 7 月第 1 次印刷
定价	333.00 元

本书如有印装质量问题请直接寄承印厂调换

厦门大学出版社
微信二维码

厦门大学出版社
微博二维码

参与图书创作人员名单

——受访人员名单（以姓氏拼音为序）——

陈　健　　陈仲腾　　付松立　　何　波　　黄　峰

胡龙润　　孔志宾　　李　宏　　李　奎　　李　萍

李　强　　李为巍　　李毅峰　　李　震　　李竹兵

林文良　　林志明　　卢必文　　毛　燕　　潘清寿

王操红　　王丽萍　　王荣军　　王　澍　　王小波

王　毅　　吴致宏　　伍毓新　　杨　辉　　杨真真

颜建宏　　庄　洁　　张　立　　钟平文　　周卫兵

——访谈组织人员——

林晓英　　李小青

特此致谢。

云创业，让创业变得简单

程国平

创业，听起来好美，令人向往！

李嘉诚 22 岁创办长江塑料厂，开启全球华人首富的传奇；佩奇和布林在美国加州郊区的一个车库内创建谷歌，10 年后成为世界巨头；任正非 44 岁集资 2 万元创立华为，靠代理程控交换机获得第一桶金；马云带领 18 位罗汉创立阿里巴巴，6 分钟赢得了软银孙正义 2000 万美元的风险投资……一个个在社会上流传的成功创业的故事，令人陶醉！

然而，更多的无数的创业企业，倒在创业的路上，默默无闻，消失在滚滚的创业洪流中。有调查显示，中国每小时诞生 480 家新公司，这些公司在 3 年内倒闭 432 家，创业失败率高达 90％，企业平均寿命不足 3 年。

即使是创业成功的企业，其光亮背后，或许也有着很少人能看到的艰难。李嘉诚创办的长江塑料厂因为缺乏经验曾走到破产的边缘；佩奇为了获得投资不得不让出董事长的职位；任正非创业更是经历了竞争对手打击、爱将背叛、亲人去世、重病缠身的一系列磨难；马云第一次去硅谷融资，被人拒绝了 37 次……本书主角李强创办的弘信创业工场也曾遭受过客户逼债、股东退股、银行要求抵押个人资产、员工人心散乱的危机，李强为此痛彻心扉。

　　创业之所以难，是因为一般创业企业缺人才、资金和关系，不熟悉行业、政策和市场，或者不善于经营、管理和协作，抗风险能力很差。任何一个因素出现问题，都可能导致创业企业陷入困境；而依靠自己单打独斗，创业企业通常难以摆脱困境。

　　出路何在？出路在于协同。李强团队的经历提供了很好的例证。何耀忠和王毅合伙创办了厦门第一家柔性印制电路板制造企业，两年后因为资金链断裂而以失败告终。2003年他们俩与李强合作再度创业成立弘信电子，4年后公司在市场端拥有接不完的订单，但在制造端却生产不出合格的产品。然而，这一次何耀忠和王毅是幸运的，背靠李强的弘信创业工场，弘信电子面临的困难都被一一化解，王毅和李毅峰心无旁骛地专注于生产制造、技术研发和业务发展，在战略、资本、政府关系，甚至于人才和管理层面，弘信创业工场提供给他们强有力的支撑。依靠这种独特的合作创业模式，弘信电子终于从国内数百家同行业企业中脱颖而出，成长为行业领军企业。

　　李强从弘信电子、弘信博格和弘信物流的成长过程中不断探索，提炼总结出云创业模式：依托弘信创业工场／云创智谷搭建公共资源平台，以产业、股权和文化为纽带，汇聚整合产业、资本、市场、管理、人才、土地、政府政策等各种共性资源，打造龙头企业与小微创业企业协同发展的生态圈，通过引擎牵引、金融助推、云创智谷落地、资源优化运作、创业赋能和产业协同，帮助创业企业扬长避短，共享资源，降低成长风险，协同健康成长。

　　因为曾经有过艰难创业的遭遇，所以李强矢志不渝，要在云创业上打出一片天地。 在实践中不断创造辉煌的同时，李强也不断在理论上总结提升，在其博士学位论文（云创业1.0）的基础上，形成了云创业 2.0 和云创业 3.0 模式。 为了让更多的人和企业投身创造更多云创业的生态圈，让更多的创业企业从中受益，让创业不再成为难事，从而推动中国整个双创伟大事业的发展，于是就有了《云创业》这本书。 作为他的博士生导师，我当然为他感到骄傲。 通读全书，欣然为之作序。

而受李强云创业理论和实践成就的吸引，我也投身到创业的时代潮流中，期望能为李强的云创业理论再提供一个成功的佐证。

是为序。

程国平，武汉理工大学管理学院博士生导师、教授，留德访问学者；管理科学与工程专业博士，曾任武汉理工大学管理学院副院长，现任武汉理工大学企业管理研究中心主任、武汉理工大学管理学院工商管理学科战略咨询主任、智慧大数据研究中心主任，工业工程专家，省政府国企改革顾问，同时担任多家企业战略顾问。

为创业的"痴人"叫好

洪永淼

厦大经济学院 EDP 学员、校友李强与潘东燕合著的新书《云创业》即将付梓，他将十余年的创业经验、感悟和智慧都融入这部力作中，增加了这部书的可读性。李强邀我作序，我慨然应允下来。

初识李强，是因为他担任过厦门大学经济学科同学会第四任会长，并且曾受聘为经济学院兼职教授，在从商的校友圈里颇具知名度，也是企业家中比较爱思考的一位。更多的认识则是在了解了他的事业之后。李强的企业很特别，是中国首家官方认证的创业工场，堪称制造"企业"的企业。人们都说，管理是艺术，经营是学问，受不可知、难预测等多种因素的影响，创业创新成败难以逆料。而李强却硬是从中摸索出规律，试图通过打造平台来提高创业的成功率。

有人认为这纯属痴人说梦，但我要为这样的创业"痴人"叫好！

首先，这是一种情怀。做平台与做具体行业，其难度系数显然不在同一个数量级上。李强原本不用这么辛苦，他在集装箱租赁与电子元器件领域早已证明了自己。但他却愿意"自讨苦吃"，筹划运营"双创"平台。可见，他已不再单纯停留在对个人财富和地位的追求上了，而是出于对不同体制下企业经营环境天壤之别的感知，发自内心想要改善民营企业成长的土壤。 所以在这个平台上，我们看到有全方位多层次的运营体系为创业者服务。

其次，这是一种创新。 创新，意味着对固有思想和行为的挑战，自然容易招致保守人士的质疑。 而纵观历史，社会的进步无不是通过对过往经验的一次次扬弃而得以实现的。面对纷繁的大千世界，面对复杂的创业活动，以探索的精神，大胆假设，小心求证，本身就值得鼓励和推崇。

更难能可贵的是，李强也有方法。 他的创新，不是标新立异，而是发自于助人的初心，立足于现实的国情，守正，才能出新出奇。 他对自身创业的经验进行深刻总结，而后在不同企业、不同行业里不断推演，锤炼打磨，逐渐丰富，最终形成一套完整的商业模式。 尤其值得一提的是，李强总结的方法赋能、资源赋能与科技赋能这三大赋能体系，破解了长久以来困扰中国民营企业的三大难题——方法、资源和技术创新，这对资源配置尚未完全市场化的当今中国来说，颇具现实意义。 以金融资源为例，我近距离观察过很多金融企业，发现由于机制僵化、手段有限，传统金融体系很难真正普惠于小微企业。 相比之下，李强云创业平台建立的金融服务体系就灵活得多，它不拘泥于报表，而是以投行的眼光，引入财务、业务流程甚至行政人力资源等多种因子，尽可能多角度去"计量"企业成长空间，发现企业的内在价值，真正为创业者服务，有效解决小微企业"融资难、融资贵"的问题。 这样的平台目前全国范围内还不多见，我认为，它为当前金融体系改革提供了参考样本，具备推广的价值。

十余年探索和努力，李强用一个个细分领域龙头和生机勃勃的生态圈证明了云创业的独特魅力和广阔前景。我想，我们的时代需要更多像李强这样的人，需要更多弘信创业工场这样的创业平台。我相信，这样的模式与平台将在中国未来的发展中发挥关键性作用。

是以为序。

洪永淼，发展中国家科学院（The World Academy of Science for Advance of Sciences in Developing Countries, TWAS）院士，世界计量经济学学会（The Econometric Society）会士，康奈尔大学经济学与国际研究讲席教授，厦门大学经济学院与王亚南经济研究院院长。

云创业，创新赢未来

李　强

2019，弘信创业工场成立 18 周年。

18 年，弘信从一个无品牌无资金无资源的"三无"企业，发展成为国内领先的创业工场，形成拥有上市公司、独角兽及上千家企业在内的云创生态圈。

回首往昔，万千感慨。创业维艰，筚路蓝缕，岁月里多少企业浮浮沉沉。我想我是足够幸运的，因为一路走来，得到太多的关注和支持。今天，这本《云创业》虽然署着我的名字，但我非常明白，这只是藉由个人表达出来的文字，而背后的路径探索和模式创新离不开各级领导的关心、各位股东的支持、全体员工的努力、众多大合伙人的协力，以及客户和合作伙伴的认可。而一路走来，如果没有诸位师长，尤其是我的 MBA 导师厦门大学管理学院原院长沈艺峰教授、我的博士生导师武汉理工大学管理学院副院长程国平教授、厦门大学经济学院院长洪永淼教授、中国人力资源专业奠基人厦门大学人力资源研究所原所长廖泉文教授，对我学业及理论研究的点拨与鼓励，我也很难想象，如何去构建这样一个没有任何经验可循、同时涉及多领域多学科的创业生态体系。如果说，今天的云创业已有一定成果，那么它更多地应归功于上述这一群在我求学和事业奋斗过程中给予我无私帮助和支持的朋友们。

所以，借此机会，我要向你们，我最亲爱的朋友们，致以我内心最诚挚的谢意！

我想我是足够幸运的，因为我们正在经历一个伟大的时代。2000 年中国入世，牌照开放，市场放开，民营企业发展迎来明媚的春天。带着一番雄心，2001 年我毅然下海，创立弘信。十几年来，伴随改革的持续深化，要素配置逐步市场化，民营企业活力得到空前释放，为经济发展注入勃勃生机，成为改革开放 40 年最耀眼的光芒。

18 年，我们与国家一起经历经济发展的黄金时期，也与国家一起面对外部压力与挑战。曾经，我们模仿就好，不用过多的研发投入，靠着廉价劳动力，靠着低端加工出口，靠着粗放式的资源利用，一样风生水起，盆满钵满。只是，没有一种模式可以一劳永逸地保证企业的永续发展、基业长青。时移世易，当人口红利逐渐消失，环保受到更多重视，新技术的变革不断挤压传统贸易与传统制造的空间时，危机也已悄然而至。如果足够警醒，应时而变，因势而变，主动转型，企业可依靠创新建立长期核心竞争力。可惜的是，在以短平快的方式不费太多力气就尝到甜头后，很多企业却对此形成路径依赖，不愿改弦更张，不愿下力气投研发搞创新，终于被滚滚的时代洪流所抛弃，风光不再，只落得昙花一现，令人扼腕叹息。

这是成功的陷阱，也是创新的窘境。这不是一个企业的难题，是万千企业的共同难题，是当下中国的最大挑战。经历 40 年改革开放，中国走到一个十字路口，从制造大国到"智造"大国、从数量型发展向质量型发展转变，需要铺天盖地的创新型中小企业为依托。而面对强国的技术封锁与经济要胁，我们也需要有反制的武器和对抗的底气。

创新，中国强大的必由之路。

当创新成为举国战略时，举国创新则成为当今全球竞争环境下中国的致胜法宝。面对有着数百年市场经济积淀的西方强国，面对一日千里的高新科技，依靠个体单打独斗一步一个脚印点滴积累，显然无法让中国追上发达国家，更遑论超越他们。以举国体制集中力量办大事，成为中国在创新之路上弯道超车的不二之选。而深厚的家国文化与统一的国家意志，也让举国体制获得广泛认同。在国防工业、体育、基建等多个领域，举国体制早已证明它的优越性。而今，在科技创新领域，举国体制也将发挥其不可阻挡的力量。当然，挑战会更大。集中力量办大事，意味着资源将更多导向国家重点关注的大型企业。然而产业经济作为完整的生态系统，除了有大型企业这样的参天大树，也需要中小微企业这样的灌木丛林和地衣。他们怎么办？需要有民间的科创平台来襄助。

这也是我发起"云创业"，打造双创平台的初衷。在经历十余年自主创业之后，我们对创业创新有自己系统的思考和深刻的领悟，我渴望将它们分享给在困境里苦苦摸索的创业者，分享给想支持企业发展却不知道如何支持的主管部门，分享给在传统领域获得财富积累但对创新雾里看花的民间资本，我们希望能在政府与企业、企业与资本、巨头与小微之间搭一座桥梁，实现各方多赢。而面对因中美贸易战中受排挤而归国的海外高层次人才，我们也希望云创业的科创平台能够帮助他们尽快适应国内的创业环境，为他们提供从政府资源、市场、金融到创业服务等多方面支撑，让他们能专心致志投入科研创新，参与祖国建设。

让我们高兴的是，我们的实践已经取得初步成果，众多资源汇聚而来，生态圈里独角兽频现，百城智谷初具雏形，以"产业园＋双创园"、"政策＋资本＋产业"为特色的城市创新中心在多个地方拔地而起，开花结果，成为创新中国一道亮丽的风景线。

当然，道路依然漫长。选择这样一条路，需要勇气和信心，然而再难的路也得有人去趟。因为我总以为，人，不仅是时代的产物，也是历史的创造者。身处伟大时代，我们当有与时代共舞、为中华奋起的豪情与壮志。创业报国，科技强国，我们的命运与时代，与生我们养我们的这个国家紧密相系。除了奋起，我们别无选择。

这是英雄主义，是理想主义，也是最大的现实主义。

18 岁的弘信，正少年。

一念起，万物生！

潘东燕

这是中国第一家创业工场，也是一家在成立之初就以"创业"二字命名自己的公司，是一家真正以创业精神为底色、以创业事业为信仰的公司。

这是一家在创业之初就拥有超过 200 名股东，并在发展过程中不断增资扩股，股东人数最多时突破 400 人，且在股权共享和资源链接上极具开放性与包容性的公司。

这是一家通过不断推动员工内部创业、全产业链上下游企业抱团创业、产业园与双创园协同创业、大中小城市与双创生态运营平台共同创业，进而在这个伟大时代与创业伙伴们实现共创、共赢和共享的公司。

这是一家亲历艰辛创业，遭遇至暗时刻，游走破产边缘，最终仍然同时在柔性印制电路板制造、医疗行业融资租赁、快消品行业白糖供应链及第三方物流服务、双创生态运营平台等领域屹立于行业前列的公司。

对了，这还是一家充满浓厚的家国情怀，誓为中华民族的伟大复兴贡献自己力量的公司。

……

这家公司就是弘信创业工场，一家已经风风雨雨走过 18 年创业历程的创业公司，而让弘信创业工场能够持续进化且不断做大做强的战略指导思想——云创业，也终于在 18 年的创业演进过程中逐渐涌现成型。

从内部创业到开放平台整合产业链，再到一体两翼自建全程创业服务体系的双创生态，从尝试性地支持若干个内部创业公司创业成功，到大举助力全产业链企业创业成功，再到全面营造创新创业生态圈实现共创共赢共享……虽然弘信创业工场一路走来跌跌撞撞，却也最终成功穿透重重迷雾，在"大众创业，万众创新"的时代大潮下，探寻到了全面提升企业创新创业成功概率和营造城市创新创业生态活力的全套方法论。

与众不同的是，云创业不仅是弘信创业工场在极为具体的企业经营实践过程中，持续迭代出来的极具实操性的创新创业方法论，而且具有极强的包容性与大格局。无论是大中型龙头企业还是中小型创业公司，传统金融机构还是新兴资本财团，央企国资还是民企外资，产业园区还是众创空间，国内大专院校还是海外科研院所，一二线城市还是三四五六线城市……都能在云创业生态圈找到属于自己的角色与位置，相互之间不仅完全可以并行不悖，并且能够通过共生、互生实现再生，进而让生态圈实现不断共演与持续繁荣。

纵观弘信创业工场 18 年创业历程，与其说它是一家经营具体业务的公司，不如说它是一个始终以助力创业者成功创业为使命的平台。随着全新双创生态战略的逐渐落地和云创业生态圈异质性资源要素的日渐饱满，弘信创业工场打造中国最佳创新创业生态圈的梦想正在照进现实。

目录
CONTENTS
录

Chapter 1　**弘信电子**　001

三位创业者，基于各自能力和资源禀赋差异，因缘际会组成创业"铁三角"，在长达十几年的创业征程中彼此信任，披荆斩棘，在无资金、无品牌、无客户的"三无企业"背景下，因为背靠弘信创业工场而共同在中国柔性印制电路板制造行业开创出了属于自己的全新天地。

Chapter 2　**弘信博格**　027

巾帼不让须眉，杨真真和王丽萍这对"黄金搭档"，共同历经地方国有企业基层管理者、中小民营企业高层管理者，以及中央企业控股子公司领导者的角色演变，但无论是何种角色，都无法改变她们天生创业者的精神内核，在弘信创业工场的梦想舞台上，她们凭借极高的创业素养和极强的专业能力跳出了属于自己的完美舞姿。

Chapter 3　**弘信物流**　045

2006 年，因为一次企业之间的合并重组，李震、颜建宏和何波三位来自不同公司的职业经理人机缘巧合走到了一起，而推动他们不仅走到一起，而且还成为核心创业团队成员共同创业的，正是弘信创业工场。历经十年创业经营，李震、颜建宏和何波不仅将弘信物流打造成为国内快消品行业白糖供应链及第三方物流服务领域的隐形冠军，而且带领团队在航材供应链领域实现业务突破，未来可期。

Chapter 4   **创 业 维 艰**················· **069**

十年国企经历，他一路做什么成什么，鲜花与掌声不断，从未遇到过
重大挫折。然而，带着"国企能人"的巨大光环改制创业后却始终打不开
局面，李强甚至一度陷入战略迷茫。心怀"赌一把"的想法，却导致企业
遭遇破产危机。客户逼债，股东退股，银行要求抵押个人资产，员工人心
散乱……2003年，李强真正感受到了凤凰涅槃般的精神熔炼。

Chapter 5   **中国第一家创业工场**················· **089**

在过去十年的发展历程中，与其说弘信创业工场是一家经营具体业务
的企业，不如说它是一家始终以创业为使命的公司，其具体经营的相关业
务不过是创业使命的具体支点而已。在这个过程中，李强带领弘信创业工
场完成了从激发团队创业激情到提炼团队创业方法，再到建构团队创业机
制的持续跃迁。然而，中国第一家创业工场的远大理想，自此才刚刚起步。

Chapter 6   **移动智能终端制造全产业链整合突围**······· **107**

在大势将起之时，以龙头企业为支点撬动全产业链成长型企业，再配
套企业转型升级整体解决方案，注入企业转型升级全套资源要素，并最终
通过资本运作将具有出色业绩表现的成长型企业推向资本市场，完成全产
业链整合闭环。这种基于产业链，囊括战略重塑、管理变革、金融支持、
大客户嫁接、资本运作等在内的成长型企业转型升级整体解决方案，不仅
受到联盟企业的普遍欢迎，也让弘信创业工场在全产业链上的股权投资不
但具有很强的溢价能力，也具备很高的安全边际。

Chapter 7　**创业云，云创业** **129**

通过平行做宽服务让创业公司和众创空间垂直做深产业，通过自建全程创业服务体系为有潜质的创业公司高效提供系统支持和注入海量资源要素，通过就在眼皮底下的贴身创业服务为创业公司提供精准实效的创业支持，通过集聚大量优质创业公司形成规模效应为创业公司获取最优创业政策，通过将弘信创业工场经营模式重新定义为云创业，弘信科创决意要通过成就创业公司成就自己。

Chapter 8　**无生态，不成气候** **161**

在双创产品线层面，弘信创业工场已经落地布局出云创智谷、云创蓝谷和云创漫谷，并将在未来持续诞生新物种；在双创平台演进层面，弘信创业工场已经完成了从园区到社区再到城市创新中心的全过程演进；在双创空间格局建构层面，弘信创业工场正有节奏地推进百城智谷战略落地；在外部多样化资源要素整合层面，弘信创业工场通过云创业生态圈大合伙人计划持续强化资源要素整合宽度与广度；在全球创新资源要素链接层面，弘信创业工场通过引进来和走出去并举的方式，为云创业生态圈持续注入创新动能。

Chapter 9　**那些花儿** **201**

创业者都是一群无可救药的乐观主义者，任何至暗时刻对他们而言都是光明前兆，他们在弘信创业工场建构出的创新创业生态圈土壤中播种、发芽、成长、丰收。在这个过程中，成功与失败并存，痛苦与喜悦交织，汗水与泪水相融，但本着对创业梦想的共同向往，他们始终一如既往，也一往无前。正因此，唯有他们才是大众创业万众创新时代最可爱的人。

Chapter 10　士不可不弘信，弘信在创业 ············· **221**

在 18 年的创业探索过程中，刚开始李强只有初心而没有路径，但一切却都在他带领企业坚守初心迸发行动的过程中自己涌现出来，并由此形成独具特色的云创业模式，弘信创业工场也逐渐成长为它本该呈现出的样子。生于这个大时代，一切都在极速变化，但对于弘信创业工场而言，只有一点永恒不变，那就是——士不可不弘信，弘信永远在创业。

结　语 ············· **241**

附　录 ············· **245**
云创业平台研究（论文节选）

云创业
CLOUD VENTURE

弘信电子

Chapter
01

三位创业者，基于各自能力和资源禀赋差异，因缘际会组成创业"铁三角"，在长达十几年的创业征程中彼此信任，披荆斩棘，在无资金、无品牌、无客户的"三无企业"背景下，因为背靠弘信创业工场而共同在中国柔性印制电路板制造行业开创出了属于自己的全新天地。

2017 年 5 月 23 日，是王毅和李毅峰永远无法忘记的日子。在这一天，由他们参与创立的厦门弘信电子科技股份有限公司（以下简称"弘信电子"）成功在深圳证券交易所创业板挂牌上市，成为中国资本市场柔性印制电路板（flexible printed circuit board，FPC）制造行业第一股。历经 14 年艰辛创业，弘信电子终于修成正果。2003 年，当王毅和李毅峰决定再次启程创业时，完全没有想到未来能有如此战绩，而在创业过程中，持续推动他们不断挑战自我树立高远目标并为之不懈奋斗的，正是弘信创业工场。

首战失利

1991年，从安徽理工大学煤化工专业毕业的王毅加入四川省攀枝花市龙洞焦化厂担任助理工程师。国有企业平淡如水的工作体验很快让王毅感到厌倦，深感自己拥有浑身干劲却无处施展，工作不到两年就毅然辞职，只身奔赴厦门经济特区闯荡。到了厦门，王毅分别在台资企业厦门灿坤实业股份有限公司和日资企业内田电器制造（厦门）有限公司各工作了一年，虽然从这两家企业都学到一些制造业企业管理经验，但他依然觉得自己发展受限，看不到远大前程。1996年，王毅辞职与朋友筹资10万元合伙创立厦门森江工贸有限公司并出任副总经理，公司主营业务为弱电工程。1998年，掌握柔性印制电路板制造技术的中国航空工业集团工程师何耀忠告知王毅，虽然柔性印制电路板目前在国内主要应用于航空领域，但由于其可以自由折叠、弯曲、卷绕，而且重量轻、体积小、散热性好，同时也便于安装，未来在国内必将拥有广阔的市场应用前景（图1-1），因此希望能够和王毅一起合伙办厂。

在厦门灿坤实业股份有限公司和内田电器制造（厦门）有限公司的工作经历让王毅对制造业非常感兴趣，但弱电工程并非他喜欢从事的行业，当时选择与朋友合伙创业也完全是权宜之计。虽然只是一个偶然的机会，但何耀忠提到的柔性印制电路板还是彻底打动了王毅，他果断决定与何耀忠合伙办厂。然而，何耀忠除了技术别无所长，资金、人才、市场、管理等都必须由王毅统筹经营。 于是，他倾己所有并通过向亲友借贷等方式合计筹资 50 万元，创办了厦门第一家柔性印制电路板制造企业——厦门福莱克斯电子有限公司（以下简称"福莱克斯"）并出任总经理。 与此同时，王毅还将在集美大学担任航海学院技术实验室主任的好友李毅峰也拉入福莱克斯合伙创业，由其担任工程部副经理。 然而，由于当时柔性印制电路板市场还没有完全发展起来，福莱克斯的业务拓展十分艰难，加之资金实力不强，经营两年之后现金流便出现了断裂，三人不得不将工厂转让出去。

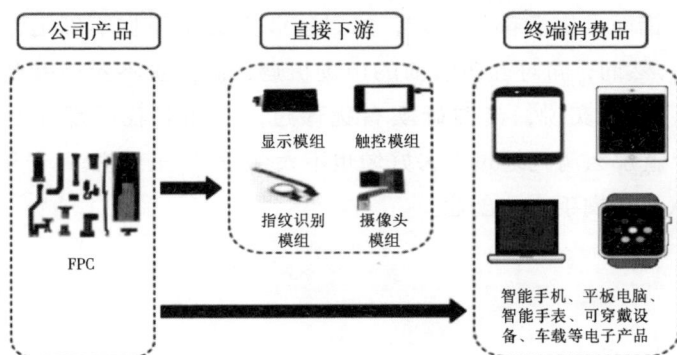

图 1-1　FPC 主要应用领域

虽然创业失败，但王毅并没有离开柔性印制电路板制造行业，而是继续以私人身份为接手福莱克斯的老板跑市场，并从中赚取业务分成。 2001 年开始，柔性印制电路板市场开始逐渐走强，王毅也因此获利颇丰。 散伙之后，他之前的创业伙伴李毅峰加入了电子元器件解决方案提供商新加坡世健系统有限公司（Excelpoint Technology），担任厦门代表处销售部经理，作为外企高管的他也坐拥丰厚年薪。

然而，两人内心的创业之火并未就此熄灭。

2003年6月4日，是王毅35周岁的生日。王毅和李毅峰两家人聚在一起为王毅过生日。此时，李毅峰已经在新加坡世健系统有限公司工作四年多，对电子元器件行业颇有研究，他判定随着翻盖手机和滑盖手机风行市场，柔性印制电路板制造行业即将迎来大爆发。由于一直没有离开柔性印制电路板制造行业，王毅对于市场行情走强更是有切身体会。于是，李毅峰问王毅能否生产出可以应用在翻盖手机和滑盖手机上的多层柔性印制电路板，王毅回答：一定可以。当时，两人收入不错而且生活都很稳定，如果创业则又将面临不确定性风险。然而，面对近在眼前的市场机遇，他们也不希望就此错过。"实话实说，当时确实有犹豫过，但那时我们都还很年轻，就那么清闲地过下去好像也不太合适。"王毅说。于是，两人再次携手合伙创业。

东山再起

福莱克斯的失败看似是因为过早进入市场，实则是由于企业资本实力过于薄弱，进而无法支撑公司的可持续经营，因为在福莱克斯转让后不久，柔性印制电路板市场就开始逐渐上行。因此，再次创业首要的任务便是要寻找到资本实力较强的投资人，而且必须要有相同的经营理念。作为制造业企业，首先必须采购生产设备和原材料，因此王毅判断启动资金

至少需要 500 万元。 于是，他简单起草了一份项目投资可行
性方案交给李毅峰，李毅峰便拿着它开始四处寻找投资人。

最初，李毅峰找到福建泉州的一些老板洽谈投资事宜，虽
然投资金额没有问题，但在具体交流过程中王毅始终觉得彼此
没有太多共同语言，这些老板文化程度普遍偏低，投资导向也
较为短期，因此最终大家在投资方案上也没有谈拢。 于是，
李毅峰又想到了自己的高中同学李强。 2001 年，李强从厦门
港务控股集团辞职下海后创立了厦门弘信创业股份有限公司
（以下简称"弘信创业"），主要经营集装箱租赁和港口物流
相关业务，当时在厦门也颇有声名。 李毅峰没想到和李强的
洽谈会如此顺利，在弘信创业工场交流了半个多小时后，刚离
开不到 20 分钟，他就接到了李强的电话。 李强告知李毅峰，
弘信创业工场决定投资创立弘信电子，由弘信创业工场控股但
由王毅和李毅峰具体负责日常运营，李强出任董事长，王毅出
任总经理，李毅峰出任副总经理。 当天晚上，王毅也见到了
李强，双方也都"情投意合"，于是当即签订投资框架协议。
2003 年 9 月 8 日，弘信电子正式拿到营业执照，王毅和李毅峰
的全新事业平台也就此创立。

事实上，王毅和李毅峰并没有直接从弘信创业工场拿到
500 万元投资金额。 当时，李强提出一个投资方案，即按照注
册资本出资比例确定各自持有的股份比例。 为了让王毅和李
毅峰获得较高比例的公司股权，李强将公司注册资本确定为
150 万元，弘信创业工场出资 90 万元，占 60％的股份，王毅
和李毅峰各出资 30 万元（个人实际出资 15 万元，同时各向公
司借款 15 万元），各占 20％的股份。 与此同时，弘信创业工
场再以借款的形式向弘信电子注资 350 万元，并承诺帮助弘信

电子解决后续资金难题。 这个投资方案获得了王毅和李毅峰的一致认可。"其实，除了资金我们还特别看中核心团队成员能力的互补性。"李毅峰说，"李强特别擅长战略，王毅特别擅长技术和产品，我特别擅长市场规划，相互之间互补性很强。"

图 1-2　弘信电子一期厂房图

第一桶金

　　在生产设备调试安装完成后，2004 年春节刚过，王毅就急忙赶赴深圳去跑业务。 凭借过去多年的市场积累，王毅很快就拿下一个百万元订单，但其中 90 万元是要采购多层柔性

印制电路板（表1-1）。 当时，弘信电子刚开张运营，单层板
和双层板都没有做过，很难确定自己是否能够生产出多层板。
事实上，当时也几乎没有国内厂商能够生产多层板，但为了拿
下这个大订单，王毅依然满口答应下来。 现在回头看，当时
的决定其实潜藏着很大的经营风险，如果无法生产出多层板，
原材料成本就将化为泡影，弘信电子随之将面临巨大的资金
压力。

表 1-1　FPC 类别划分及其差异

产品	简介	特征
单层FPC	FPC中最基本的结构，只有一个导电层	重量轻、厚度薄，适用于消费类电子产品
双层FPC	中间为绝缘层，两侧有导电铜，通过中间导孔连通，实现信号传输	在同样的体积下，信号传输能力大于单层FPC
多层FPC	通过压合设备将多个单层FPC压合在一起，通过钻孔并对孔进行金属化处理，使多层电路导通形成多层FPC	具备单层FPC的优势，通过迭层使单位面积上能够负载的高精度线路数量倍增
刚挠结合印制电路板	软板和硬板的结合，软板部分可以弯曲，硬板部分可以承载重的器件，形成三维电路板	相比普通产品性能更强，稳定性更高，同时将设计范围限制在一个组件内，进而优化可用空间

王毅拿到样品回厦门后带领团队彻夜攻关，最后生产出的
成品却依然只有2%的合格率，就在大家都感到非常沮丧时，
王毅却表现得异常兴奋。 在他看来，虽然只有2%的合格率，
但却意味着弘信电子有能力生产出合格的多层板，接下来要做

的无非是持续提高产品合格率罢了。 于是，王毅带领团队一遍遍地梳理生产流程，不厌其烦地调试生产设备，终于让多层板的合格率从 2％提高到超过 80％，并且实现批量生产。 由此，弘信电子顺利交付创立后的第一个大订单，并从中赚到十多万元毛利润。

弘信电子初创就切入多层板生产契合了当时的市场需求，并且打破了多层板完全依赖进口的局面，由弘信电子生产的物美价廉的多层板很快受到国内手机制造厂商的追捧。 弘信电子能够批量生产多层板的消息传到深圳后，很快再次拿下数百万元订单。 然而，由于需要垫资生产，当时弘信电子不仅没有足够资金采购原材料，而且很快面临无力支付生产设备余款的尴尬局面。 此时，弘信创业工场兑现承诺出面提供担保，让弘信电子顺利从兴业银行股份有限公司获得 500 万元贷款。 "这 500 万元是救命的钱！ 我们不仅还了购买生产设备的余款，而且还有了充裕的资金采购原材料，随后完成了几个大订单，从此弘信电子完全迈入良性发展轨道。"谈及这笔贷款，王毅至今两眼放光、情绪激动。 2004 年，弘信电子年产值超过千万元，第一个完整经营年度居然盈利超过 200 万元。

事实上，弘信电子能够在 2004 年就实现盈利，与当时国内手机制造行业的市场剧变有莫大关系。 在过去，美国的德州仪器工业股份有限公司（Texas Instruments Incorporated）、高通股份有限公司（Qualcomm Incorporated）、德国的英飞凌科技股份有限公司（Infineon Technologies）等国际芯片厂商都只为手机制造商提供芯片平台，而从芯片平台到手机成品的过程则需要手机制造商自己解决，要么自主研发，要么将系统整合、UI（user interface，用户界面）设计、应用软件集成和调试等过程外包给手机设计公司,这个技术门槛导致手机制造不仅成本偏高,而且周期较长。 2004 年,来自中国台湾地区的联发科技股份有限公司(以下简称"联发科技")通过自主设计生产处理器,而后在主板上整合多媒体系统和基带芯片,甚至帮助手机制造商完成屏幕和摄像头等相关配套解决方案,再搭配操作系统,最后需要由手机制造商完成的工作几乎只剩下硬件组装,而且价格极为实惠。 联发科技这招"杀手锏"几乎踏平手机制造门槛,不仅大幅降低成本,而且还将过去普遍需要半年以上的手机研发周期缩短到两三个月,甚至从设计到成品最快只需要 45 天,彻底征服中国大陆的手机制造厂商,深圳华强北的山寨手机行业由此迎来空前爆发式增长。 此后几年,联发科技也借此机会一度成长为全球排名前三的集成电路设计商,仅次于德州仪器工业股份有限公司和高通股份有限公司。

然而,联发科技虽然解决了手机芯片难题,但深圳华强北的山寨手机厂商却依然面临多层柔性印制电路板紧缺的问题。全球柔性印制电路板制造行业市场份额高度集中,日本、韩国和中国台湾等地区由于较早介入柔性印制电路板制造行业而占据先发优势,日本的旗胜科技股份有限公司(Nippon Mektron Incorporated)、住友电气工业株式会社(Sumitomo Electric Industries),中国台湾地区的臻鼎科技控股股份有限公司、嘉联益科技股份有限公司,韩国的永丰集团(Young Poong Corporation)、世一株式会社(SI FLEX Corporation),这些企业在当时由于配套苹果公司(Apple Incorporated)、三星电子股份有限公司(Samsung Electronics Corporation)、诺基亚集团有限公司(Nokia Corporation)、摩托罗拉移动控股集团有限公司（Motorola Mobility Holdings Incorporated）、索尼爱立信移动通讯有限公司（Sony Ericsson Mobile Communications）等全球手机巨头企业，发展成为柔性印制电路板制造行业全球领军企业。"但是，这些大企业都有最小订货量要求，显然不可能为经营方式极为灵活的山寨手机厂商提供配套服务。"李毅峰说，"弘信电子虽然是初创公司，但由于具备生产多层柔性印制电路板的能力，因此面对山寨手机厂商依然具有较强的定价权，当时一条板不含税能卖到 20 元，而且是一手钱一手货现金交易没有账期。"那几年，弘信电子在深圳华强北如日中天，甚至出现冒牌厂商。 伴随着如火如荼的山寨手机市场，弘信电子在初创期就引爆市场，2006 年其产值更是突破 5000 万元，并赚取了丰厚利润。

十字路口

　　正当弘信电子的发展"欣欣向荣"之时，李强与王毅、李毅峰却在经营决策上出现了巨大矛盾。 弘信电子创立后，在战略、财务、政府关系等层面由弘信创业工场负责，但在生产研发和业务经营层面全部由王毅和李毅峰负责。 虽然当时弘信电子生意红火，但在李强看来，山寨手机配套商没有未来，因此必须积极向国产品牌手机配套商转型升级，否则在行业洗牌来临时将机会不再，最后逃不过灰飞烟灭的结局。 如果弘信电子要向国产品牌手机配套商转型，就必须加大技术研发投入和生产设备更新力度，以及扩大厂区建设规模。 这将意味着股东不仅没有分红，而且企业负债率还会大幅提升。"2005年，我们刚在厦门市翔安区购买了 10000 平方米的厂房，2006年还没完成装修，李强又提出要再购买 68 亩土地用于建设工业园区，当时我和王毅都坚决反对。"李毅峰说，"原来我们在厦门市湖里区租的厂房只有 1000 多平方米，而新购置的厂房足足有 10000 平方米，即使满负荷运转也够用好几年，因此我们都很不理解，认为完全没有必要着急购置土地，进而让企业背负巨大的财务压力。"

2006 年，弘信电子经过努力已经与夏新电子股份有限公司（以下简称"夏新电子"）和天马微电子股份有限公司（以下简称"天马微电子"）达成战略合作伙伴关系，这意味着弘信电子向国产品牌手机配套商的发展方向迈出一大步。 但在李强看来，如果弘信电子不抓住机会实现跨越式发展，即使成为战略合作伙伴，也会因为没有能力为合作伙伴提供最优质的产品和服务而逐渐被淘汰出市场。 当时，王毅和李毅峰虽然认同李强提出的向国产品牌手机配套商转型升级的发展战略，但由于受限于战略视野和经营格局，并不认可李强面向未来提前布局，最终快速实现规模化扩张的发展路径，而是坚持循序渐进和小步慢跑的发展节奏，但由于弘信创业工场是控股股东，此时的弘信电子必须依照董事长李强的意志去发展。"当然，李强没有以控股股东的身份去压我们，而是耐心地向我们讲解他的战略思路，我们仨有个特别好的习惯，战略定了就全力去执行，遇到问题一起面对，绝不在事后相互抱怨。"李毅峰说，"现在回头看，虽然当时有一定的财务压力，但确实有利于公司的长远发展，政府也给了相对宽松的用地政策，如果当时没有去买那块地，后来再想去买就没有可能了，弘信电子只能到外地去投资建厂，也许后来就没有机会快速做到中国第一。"

于是，李强推动弘信创业工场通过稀释股份引进战略投资者，同时再次为弘信电子提供担保获得银行贷款，强力推进弘信电子整体搬迁至翔安区，并将创业初期简陋的国产设备全部更换成当时国内最为领先的生产设备。 为了满足更高精度柔性印制电路板的生产要求，弘信电子下定决心要建出国际标准的现代化厂房，斥巨资建设面积达 2000 平方米的万级无尘净化车间，从而可以完成高精度的丝印、曝光、贴膜、检测等工艺。 与此同时，弘信电子还建设有湿流程区、层压固化区、等离子室等重要的生产研发区，可以高标准地完成各种电化处理工艺，包括电镀环形自动化生产线、化学沉镍沉金自动化生产线、化学铜自动化生产线，以及"显影－蚀刻－剥膜"自动化生产线等。 即使对于基础的配套生产流程，如数控、电检、冲切、废水处理等，弘信电子也坚持按照国际标准配备。"在这个过程中，李强起到了决定性的作用。"王毅说，"当时，我们确实有点不想投也不敢投，因为这么大手笔的投入真的不知道未来会怎么样。"经过大家的共同努力，总建筑面积达 10000 平方米的弘信电子翔岳厂于 2007 年 1 月正式建成投产。

那么，弘信电子凭什么能够迅速转型升级成为夏新电子和天马微电子的配套供应商呢？

由于国内柔性印制电路板制造行业发展滞后，夏新电子和天马微电子等都必须向日本、韩国和中国台湾地区的几大国际巨头采购产品。 对国际巨头而言，国产品牌手机厂商属于小客户，而柔性印制电路板又属于非标品，需要较为密切的互动合作，国产品牌手机厂商除了无法获得周到的服务外，还需要承担较高的采购价格，且毫无议价权，加之文化差异等因素，导致合作过程中存在诸多痛点，而这些痛点正是弘信电子的机会所在。例如，弘信电子与夏新电子同在厦门，沟通合作极为便捷，完全可以做到贴身服务。"事实上，夏新电子听闻厦门也有柔性印制电路板制造厂商后，也有很强的合作意愿。经过努力攻关，双方从小批量做起，一起努力磨合产品，慢慢地也就配套上了。当然，相对于山寨手机厂商而言，夏新电子的产品要求和技术标准都要高得多，配套过程十分艰难，但最终我们做到了。"王毅说，"其实，我们后来发现国产品牌手机厂商都更喜欢用国产供应链，因为文化相通，因此沟通合作过程非常愉快，当然前提是产品和技术必须达标，而且价格要更加实惠。"2007 年，弘信电子通过同样的市场渗透方式被天马微电子认证为合格战略合作伙伴，并顺利拿下触摸屏柔性印制电路板订单。

全面放弃山寨手机市场对王毅和李毅峰来说是一个艰难抉择，因为弘信电子正是通过切入这个市场才逐渐迈入正轨的，如果不是因为李强全力推动，弘信电子的转型升级不会如此迅速。"当时，一片柔性印制电路板卖给国产品牌手机厂商的价格只有 4 元，不仅是含税价格而且还有账期，到后期甚至只能卖 2 元，与卖给山寨手机厂商的价格和利润相比简直是天壤之别。"李毅峰说，"当然，与国产品牌手机厂商合作更加稳定，订单量大且具有长期性，这些优势也都是山寨手机厂商所不具备的。"其实，更危险的是山寨手机厂商很快将面临全军覆没的经营境地。

2007 年，正如李强所料，国内手机行业市场格局再生突变，山寨手机厂商由于缺乏技术、品牌、市场、人才沉淀而逐渐退出市场。虽然山寨手机厂商培养了消费者大规模使用国产手机的消费习惯，但产品体验差等弊端很快显现出来，消费者品牌意识开始觉醒，于是纷纷转向消费国产品牌手机，国产品牌手机厂商因此异军突起，中兴通讯股份有限公司（以下简称"中兴"）、华为技术有限公司（以下简称"华为"）、酷派集团有限公司（以下简称"酷派"）、联想集团有限公司（以下简称"联想"）等迅速崛起并迈入高速成长期。此消彼长，诺基亚、摩托罗拉、三星电子等国际手机巨头在国内的市场份额大幅下滑。此时，虽然国产品牌手机厂商集体面临优质供应链产能紧缺的局面，但市场上原有的山寨手机厂商供应链企业却由于不具备配套能力而陷入煎熬，甚至纷纷倒闭。此时，弘信电子在2006年的大手笔布局开始凸显出竞争优势，已经建成投产的翔岳厂让公司拥有接不完的订单。由于具备成功配套夏新电子和天马微电子的经验与能力，弘信电子于2007年12月成功与联想建立战略合作伙伴关系。

然而，让人意想不到的是，面对大好局面，2007年竟然成为弘信电子历史上最难熬的一年。

艰难转型

2007年，虽然弘信电子在市场端拥有接不完的订单，但在制造端却出不来合格的产品。弘信电子原有厂房面积不到1000平方米，中间是管理通道，两边是生产车间，部门长在中间现场指挥生产，短平快，效率高。与此同时，之所以能够在1000平方米的厂房生产出柔性印制电路板，是因为当时将近过半的工序都是通过外包完成生产的，而弘信电子迁入翔岳厂后则全面转向全制程生产制造模式。 首先，生产制造流程大幅加长，通过三层厂房才能完成全制程生产，这导致部门长无法现场指挥生产，但又不知如何解决管理问题，生产制造过程极其混乱。 其次，由于全面引进国际先进生产设备，包括德国的"显影－蚀刻－剥膜"自动化生产线、美国的 X 射线荧光测厚仪、日本的全自动冲孔机、以色列的自动光学检测仪、法国的平行光曝光机、瑞士的光绘机、中国香港的电镀环形自动化生产线、中国台湾的自动裁切真空及软板快速压机等，员工与设备需要一个较长的磨合期才能实现熟练操作。 最终导致的结果是，不是这个节点出错就是那个节点出错，一边是客户不断催货，一边是员工通宵加班却依然生产不出合格产品，大量原材料投入生产后制造出来的却都是残次品。

李强很快意识到，这是一个年产值几千万的制造业企业到年产值几个亿规模的发展过程中必然会遇到的管理阵痛，弘信电子必须从原有小作坊式的人治管理全面转向规模化制造业企业的流程化管理。 于是，他推动弘信电子导入管理咨询公司，全面重新梳理生产制造流程，并果断将能力不足的中层管理人员全部撤换，全面引进专业化人才强化生产管理能力，而且"三顾茅庐"赶赴台湾邀请柔性印制电路板行业顶尖人才陈嘉彦担任技术顾问，并最终劝说他加盟弘信电子担任副总经理。 与此同时，王毅也邀请了最初的创业伙伴何耀忠加盟弘信电子担任总工程师，并做出一个冒险决定，即为其他企业代工低技术含量产品，目的不在于盈利，而在于让员工完全熟悉全新生产设备，进而全方位提高设备操作水平。 整个过程持续了整整一年，直到 2007 年底，弘信电子的生产制造过程才完全实现流程化管理。 在这一年，弘信电子产值同比几乎没有增长，盈利水平也处于历史低位，幸运的是，其在阵痛过后由于具有先进的生产设备和流程化的管理水平，极大地提高了生产效率和产品品质，同时具备了规模化量产能力，因此弘信电子很快重新拿回了丢失的订单。 2008 年，弘信电子产值达到 1.4 亿元，同比增长近 3 倍，并成为福建省规模最大的柔性印制电路板制造企业。

逆势扩张

2008 年，全球金融危机爆发，各行各业都遭受巨大冲击，虽然柔性印制电路板行业也出现如佳通科技（苏州）有限公司等知名企业破产倒闭现象，但全行业依然处于稳步增长态势。在这个时间节点，李强认为行业未来是"剩者为王"，于是果断做出逆势扩张的战略决策，并于 2008 年 12 月 28 日正式启动 68 亩弘信电子工业园区建设，建成后将成为国内规模最大的柔性印制电路板生产制造园区，总建筑面积超过 10 万平方米。"每次行业洗牌过程中都将出现巨大机会，弘信电子必须抓住这个时间窗口快速扩大产能，我们判断消费类电子产品市场即将进入爆发期。"李强说，"此外，在金融危机中启动工业园区建设和先进设备采购也是最为经济的做法。"由于弘信电子在上一次产能扩充过程中取得了巨大成功，这次王毅和李毅峰也都非常认可李强的决定，并主动提出共同稀释股份引进外部投资用于工业园区建设。

图 1-3　弘信电子三期工程奠基仪式

　　2009 年，弘信电子产值突破 3 亿元，同比增长超过 110％。 2010 年，弘信电子上马偏光片与触摸屏柔性印制电路板项目，积极向光电产业渗透。 在这个过程中，除了能够配套国产品牌手机厂商外，弘信电子还同时具备了配套液晶显示屏制造厂商的能力。 2010 年 12 月，弘信电子工业园区建成投产，并拥有国内最为领先的生产制造设备。 那几年国产品牌手机厂商气势如虹，弘信电子凭借规模化的生产制造能力、先进的生产制造设备和优质的客户服务水平，全面跟上了国产品牌手机厂商快速扩张的步伐，连续多年被联想及天马微电子评选为优秀供应商。"早期为了更好地服务于联想，我都亲自带团队到联想现场办公，而且一待就是半个月，无论出现任何问题，我们都是现场反馈现场解决。"王毅说，"正是凭借高品质的客户服务，彼此才能够成为可信赖的战略合作伙伴。"随着智能手机和多屏时代日渐来临，弘信电子再次迈入高速发展阶段，年复合增长率超过 50％，并于 2011 年成长为国内排名前五的柔性印制电路板制造商。

图 1-4　弘信电子于 2010 年设立福建第一家柔性
印制电路工程技术研究中心

上市征程

在既定发展战略指引下，王毅和李毅峰带领弘信电子一路狂奔，李强则开始全力筹划弘信电子上市事宜。 2009 年，弘信创业工场调回弘信电子行政副总经理杨辉，他曾担任弘信创业工场总裁办主任，早年被派驻弘信电子协助王毅提升经营管理水平，在职期间为弘信电子搭建起系统化的人力资源管理体系，并培养出了大批骨干人员。 与此同时，将弘信创业工场财务中心总经理孔志宾派驻弘信电子担任副总经理兼财务总监，旨在全面提升弘信电子的财务管理水平。 2011 年 5 月 28 日，在弘信创业工场的筹划下，国泰君安证券股份有限公司正式参股弘信电子，弘信电子由此全面启动上市进程。 2013 年 6 月，弘信电子再次引入深圳达晨创业投资有限公司等战略投资方并完成企业股份制改造，厦门弘信电子科技股份有限公司正式成立。 同年，弘信电子以 6.71 亿元营业收入首次成为国内规模最大的柔性印制电路板制造企业。

如果没有意外情况，弘信电子最迟也能在 2015 年完成上市，之所以延迟到 2017 年，除了因为中国股市在 2015 年遭遇股灾，证监会执行国务院暂停 IPO 决议的影响外，更重要的变量其实来自李强。 当时，李强看到国际上的竞争对手已经大规模实现自动化生产，非常希望弘信电子也能尽快引进国际上最先进的双面卷对卷（roll to roll）生产线，全面替代一片片手工作业的生产方式。 然而，李强的想法却遭到核心管理层和其他股东的一致反对：眼看就要上市成功，功成名就，套现获利，为什么还要等？ 这样等下去，将来会不会又有新的变数，导致上市失败？ 但李强依然十分坚持自己的想法。 因为在他看来，上市既不是创业目的，更不是创业终点，对企业而言，资本市场只是一个资源整合的平台，而非企业核心竞争力的来源，但如果不能抢先一步完成战略布局，企业未来将生死难料，即使上市成功也没有任何意义。

经过周密思考，李强最终决定由弘信创业工场出面担保让

图 1-5 弘信电子 RTR 镭射生产线

弘信电子顺利从银行贷款 4 亿元用于投资扩充产能。 与此同时，弘信创业工场旗下融资租赁企业——厦门弘信博格融资租赁有限公司于 2013 年引入中国国际海运集装箱集团股份有限公司控股后资金充裕，并以市场化合作模式联合其他融资租赁企业共同向弘信电子提供了数亿元设备融资租赁款项，用于采购双面卷对卷生产线。 事实证明，李强此举极具战略远见。作为国内第一家引进双面卷对卷生产线的柔性印制电路板制造企业，弘信电子的生产效率与产品良率都获得了极大提升，进而在市场上抢占到了更多市场份额。 此后两年，在很多同行业企业都遭遇开工不足的问题时，弘信电子始终都是满产开工，其根本原因就在于它拥有国际先进的双面卷对卷生产线。

在拥有国际先进生产线和充分产能保障的前提下，弘信电子的经营业绩节节攀升。 截至 2016 年，全球前十大中小尺寸显示屏模组生产商中，已有台湾显示器股份有限公司、群创光电股份有限公司、友达光电股份有限公司、京东方科技集团股份有限公司（以下简称"京东方"）、天马微电子、夏普株式会社（Sharp Corporation）、信利光电股份有限公司等七家企业成为弘信电子的直接客户（图 1-6），其中，天马微电子和京东方更是成为其最为重要的核心客户。 与此同时，国内规模最大的指纹识别模组厂商，同时也是国内知名的触控模组制造商

图 1-6　弘信电子主要直接客户及间接客户（早期）

欧菲科技股份有限公司也成为弘信电子最为重要的核心客户。 2016 年，弘信电子营业收入首次突破 10 亿元，达到 10.5 亿元，净利润为 4073 万元。 同年，弘信电子成为国家工业和信息化部全国首批 64 家智能制造试点企业之一，也是国内柔性印制电路板制造行业唯一上榜企业。 在出色业绩的保驾护航之下，弘信电子终于在 2017 年 5 月 23 日成功登陆深圳证券交

易所创业板，成为柔性电子第一家上市公司，中国柔性电子第一股就此诞生，企业市值一度突破 50 亿元。

图 1-7　2017 年 5 月 23 日，弘信电子成功登陆创业板，
成为柔性电子第一股

在弘信电子上市过程中，由于弘信创业工场股东超过 200 人，因此股东队伍必须完成优化。 为此，李强选择售出个人所持弘信电子全部股份，并凭借出售股份获得的资金以高溢价买下退出弘信创业工场的股东的股份，此举赢得各方高度赞誉，同时也确保了弘信电子的顺利上市。"在上市过程中，弘信创业工场也并没有强制要求王毅和李毅峰作为一致行动人，他们持有的股票在公司上市一年后就可以在二级市场流通。"李强说，"这么多年，弘信创业工场在合作过程中始终坚持的基本信条是——责任多担一些，利益少占一些。"上市后的弘信电子马不停蹄，继续一路高歌：2017 财年，弘信电子营业收入达14.78亿元，同比增长 41％，净利润达 7228 万元；2018 财

年，营业收入达 22.49 亿元，同比增长 52.21％，净利润达 1.18
亿元，同比增长 63.17％，全面引领国内柔性印制电路板制造
行业的发展。

"未来，弘信电子将成为全球少数几家拥有全套尖端智能
制造设备自制能力的企业之一，不仅具备高品质产品的大规模
研发制造能力，还将成为真正掌握核心技术的全球先进智能制
造装备的输出企业。 与此同时，弘信电子已经初步与在国内
化学学科拥有强势领先地位的厦门大学达成战略合作意向，全
面加快核心原材料的研发自给进程，逐步降低对海外供应商的
依赖程度。 上市只是万里长征的第一步，我们的战略目标是
要成为一家全球领先的柔性电子研发制造企业。"李强雄心勃
勃地说。

经过十多年的艰辛创业，弘信电子终于从国内数百家同行
业企业中脱颖而出，并成长为行业领军企业。 在创业过程
中，因为背靠弘信创业工场，王毅和李毅峰完全可以心无旁骛
地专注于生产制造、技术研发和业务发展，在战略、资本、政
府关系，甚至于人才和管理层面，弘信创业工场都是他们可信
赖的坚实后盾。 与此同时，李强、王毅和李毅峰分工明确，
李强负责战略，王毅和李毅峰则负责将战略高效落地，三人相
互之间配合默契且拥有共同目标，那就是必须将弘信电子做大
做强。 也因此，在十多年的创业过程中，弘信电子在上市前
虽然每年都有分红，但绝大多数分红都继续用于增资，近乎将
全部盈利都用于企业再发展。 此外，弘信电子"相互信任、
相互欣赏、相互弥补、共同发展"的企业文化也让公司充满正
能量，极少负面情绪。 就这样，三位创业者基于各自能力和
资源禀赋差异，因缘际会组成创业"铁三角"，在长达十几

年的创业征程中彼此信任，披荆斩棘，在无资金、无品牌、无客户的"三无企业"背景下，因为背靠弘信创业工场而共同在中国柔性印制电路板制造行业开创出了属于自己的全新天地。

云创业
CLOUD VENTURE

弘信博格

Chapter
02

巾帼不让须眉，杨真真和王丽萍这对"黄金搭档"，共同历经地方国有企业基层管理者、中小民营企业高层管理者，以及中央企业控股子公司领导者的角色演变，但无论是何种角色，都无法改变她们天生创业者的精神内核，在弘信创业工场的梦想舞台上，她们凭借极高的创业素养和极强的专业能力跳出了属于自己的完美舞姿。

1992 年，杨真真从厦门理工学院毕业后进入厦门港务控股集团旗下厦门外轮代理有限公司（以下简称"外代"）工作。作为国有企业员工，她无论如何也想象不到自己后来竟然有机会从零开始带领一家公司，逐渐成长为国内领先的融资租赁企业。作为杨真真的得力副手，厦门弘信博格融资租赁有限公司（以下简称"弘信博格"）副总经理王丽萍对此深有同感，她也是在大学毕业后进入外代工作的，同样也无法想象由她参与创立的弘信博格，如今已经完全

具备登陆资本市场的实力。 然而，在过去十多年中，让这对
"黄金搭档"逐步实现创业梦想的事业平台却并不是厦门港务
控股集团，而是弘信创业工场。

铿锵玫瑰

　　1996 年，杨真真已经成长为外代箱管部商务科科长，箱
管部负责人则是早于她一年加入公司的李强，两人在工作上配
合十分默契，共同将租箱业务打理得有声有色。 随着外代租
箱业务粗具规模，李强向公司提出将其剥离出去，独立运营，
从而进一步做大做强，这一想法很快得到外代领导层的认可。
1996 年 12 月 8 日，厦门外代租箱代理有限公司(以下简称"外
代租箱")正式创立，由李强出任总经理，杨真真出任总经理
助理兼市场部经理，王丽萍则成为公司出纳。 2000 年前后，
在国退民进浪潮的席卷之下，厦门港务集团决定剥离部分边缘
性产业开展试点工作。 经过李强的努力推进，外代租箱成为
厦门第一家改制成功的国有中小企业，拥有超过 400 名股东的
厦门弘信创业股份有限公司(以下简称"弘信创业工场")正式
创立，李强出任总经理，杨真真出任副总经理。
　　李强选择彻底退出外代不难理解，因为整个改制过程都是
在他的推动下完成的，他早已下定决心要下海创业，轰轰烈烈
地干出一番事业。 但对于杨真真的抉择，大家都很难理解。
首先，很多女性通常都期盼拥有一份活少钱多离家近的工作，
当时外代的工作几乎完全符合以上条件。 其次，当时外代领

导层非常希望杨真真能够继续留在外代工作，甚至做出马上要
提升她为箱管部经理的承诺。 第三，也是更重要的，是杨真
真当时正处于孕期，而且即将临盆。 在这个关口选择买断工
龄退出外代下海创业，确实让很多人感到不可思议，其中包括
她的父母。"当时外代地位很高，但凡要做进出口贸易的企业
都要来求我们办事，不仅工作轻松，收入很高，而且在厦门也
很有面子。"杨真真说，"但是，可能自己骨子里就是一个不安
分的人，当时就是非常希望能够出来折腾一番，其实李强并没
有来说服我，而是我自己想出来创业。 当然，我们一起搭档
工作多年，彼此有着很高的信任度，这也非常关键。"杨真真
挺着大肚子参加外代租箱改制大会的情景，至今依然让很多人
记忆犹新，此后没过几天她的孩子就出生了。

图 2-1　弘信租箱业务

弘信创业工场成立后，在原有租箱业务的基础上，逐步进
入港口物流、船代货代、远洋海运、柔性印制电路板制造等行

业。 作为李强的核心副手，杨真真完全没有时间专注于经营
具体业务，而是哪里需要就往哪里搬。 她先后担任过弘信创
业工场副总经理、党支部书记、风控体系总负责人、厦门弘信
国际物流货运代理有限公司总经理，以及弘信电子董事等职
务。 在这个过程中，杨真真发现租赁业务的发展并不理想，
而且在弘信创业工场的业务体系中日渐边缘化，这是她和李强
一手做起来的业务，同时也是弘信创业工场最初的创业根基，
对此她感到十分惋惜。 2006 年，杨真真冒出一个大胆的想
法，将自己在弘信创业工场的大部分股份都置换到厦门弘信租
赁有限公司（以下简称"弘信租赁"），并亲自出任总经理专心
经营租赁业务。"事实上，我对这块业务不仅熟悉而且也很有
感情，由我来主导经营再合适不过了。"杨真真说，"当时自己
更希望能够沉下心去经营一个产业，更具体也更实在。"她的
想法很快获得李强的认可，通过股权置换和自有资金投资等方
式，杨真真在弘信租赁的持股比例达到 20%。

与杨真真不同的是，王丽萍的职业轨迹相对简单，由于具
备财务专业背景，她在外代租箱期间从出纳、会计做起，逐步
成长为厦门港务控股集团机电工程有限公司财务经理。 外代
租箱完成改制后，王丽萍并没有选择回到外代，而是和杨真真
一样留在了弘信创业工场，先后出任财务中心助理总经理、副
总经理。 在这个过程中，王丽萍严谨务实且富有实效的工作
表现获得杨真真的高度认可。 2006 年，王丽萍加入弘信租赁
并出任副总经理，分管财务和信审工作。 由于融资租赁属于
类金融行业，王丽萍逐渐开始全面参与业务，并快速成长为杨
真真的"左膀右臂"，这对"黄金搭档"从此全面开启了属于
自己的创业奋斗历程。 2008 年，弘信租赁启动第二轮股改工

作，王丽萍同样通过股权置换和自有资金投资等方式入股弘信
租赁。 这轮股改结束后，弘信租赁经营团队成员合计持股比
例达到 35％。

燃情岁月

经过两轮股权改革，杨真真和王丽萍不仅在弘信租赁实现
大比例持股，而且还充分拥有自主经营权，这让以她们为核心
的经营团队充满斗志和干劲，激情燃烧的创业岁月也就此
启程。

2008 年前，由于弘信租赁没有融资租赁牌照，因此只能
先与客户签订租赁合同，而后再通过签订转让协议的方式展开
合作。 这样的做法除了合作过程相对复杂外，更重要的是在
这种合作模式下弘信租赁需要全额纳税，而拥有融资租赁牌照
的企业则只需要差额纳税，税赋成本有着天壤之别。 如果继
续通过这种方式经营业务，弘信租赁将不可能建立起有效的市
场竞争力，最终只能小打小闹而无法做大做强。 2008 年，在
弘信创业工场的战略支持下，弘信租赁以 1000 万美元注册资
本创立弘信博格独立经营融资租赁业务，并且顺利从国家商务
部拿到了融资租赁牌照。

虽然集装箱不像船舶那样在全球拥有统一登记制度，但却
和船舶一样在全球范围内自由流动运营，因此经营集装箱租赁
业务首先必须寻找到资信优良且运营稳健的承租人，这就要求
集装箱租赁企业必须具备对承租人资信情况和运营前景的专业

评价能力，弘信租赁凭借其在港口及海运领域的深厚积淀，以及对全球航线设计和全球贸易周期较强的把握能力逐步发展壮大。 2008 年全球金融危机爆发后，虽然全球贸易陷入萧条，但国内铁路运输业却异军突起，而且当时国内集装箱货运量在总体货运量中所占比例不足 30%，而在欧美发达国家占比则普遍高达 70%，因此国内货运集装箱化率还有非常大的上升空间。 在这个关键时点，弘信租赁经营团队准确把握时机，迅速切入铁路货运集装箱化市场，并顺势快速成长为国内规模最大的集装箱租赁企业。

弘信租赁在国内集装箱租赁市场的突出表现引起了中国国际海运集装箱集团股份有限公司（以下简称"中集集团"）的注意。 作为全球集装箱制造行业领军企业，中集集团在全球范围内的快速崛起同样具有传奇色彩。 在集装箱制造领域称王后，中集集团制定出全产业链发展战略，集装箱租赁无疑是其中最重要的环节之一，但在这个领域国内企业普遍缺乏沉淀，即使是已经做到国内第一的弘信租赁，经营规模依然很小，与全球顶尖同业相比还有很大差距。 中国拥有全球领先的集装箱制造企业，港口货物吞吐量更是多年雄踞全球榜首，但集装箱所有权却几乎全部掌握在国际集装箱租赁巨头手中。 于是，中集集团主动向弘信租赁寻求合作，希望凭借弘信租赁极为专业的经营团队和中集集团强大的资源能力，共同将集装箱租赁市场做大做强。 中集集团主动抛出"橄榄枝"的举动让杨真真感到十分欣喜，作为一家民营创业企业，弘信租赁深知自己在资源能力上的短板，如果能够与中集集团联手实现优势互补，未来将很可能具备角逐全球市场的能力。 2010 年 11月 26 日，弘信租赁与中集集团合资成立厦门弘集集装箱发展

有限公司，杨真真出任总经理。 与中集集团完成合资后，弘
信租赁开始大批量订造自有集装箱，盈利能力显著增强。

在杨真真看来，除了基础的行业垂直专业能力外，经营类
金融行业必须顺势而为，尤其要与国家发展节奏保持同步节
拍。 外代租箱完成改制后，弘信租赁之所以依然能够经营好
集装箱租赁及港口相关设备租赁业务，就是因为进出口贸易在
本世纪初依然十分兴旺，加之经营团队完全脱胎于厦门港务控
股集团，对港口相关业务极为熟悉，因此能够在经营上顺风顺
水。 然而，在 2008 年全球金融风暴侵袭下，进出口贸易一落
千丈，远洋海运业务量垂直下坠，全球航运业从此陷入低谷，
而且持续时间长达十余年。 此时，如果弘信租赁依然仅仅死
守集装箱租赁业务，不仅未来发展空间受限，而且潜藏着巨大
的经营风险。 于是，在弘信博格成立后，经营团队兵分两
路：一路继续做大做强集装箱租赁业务，由杨真真负责；一路
强力开拓集装箱租赁以外的其他业务，由王丽萍负责。

事实上，处于初创期的弘信博格对于融资租赁行业并不精
通，也没有明确的经营思路，但拥有资深财务管理背景的王丽
萍在当时抓住了几个关键经营要点：一是资金筹集；二是客户
信用评级；三是通过商务条款设计实现现金流持平。 2008 年
全球金融危机爆发后，国家计划投放 4 万亿用于基础设施建
设，希望能够全面提振国内经济。 在这个宏观经济大背景之
下，杨真真和王丽萍判定工程机械行业必将进入繁荣期，于是
毅然决定重金介入工程机械行业开展融资租赁业务。 然而，
金融风暴之下资金筹集十分困难，于是弘信博格选择与福建晋
工机械有限公司(以下简称"晋工机械")建立战略合作，由晋
工机械提供担保让弘信博格从国家开发银行股份有限公司获得

近 2 亿元授信额度，前提是弘信博格在工程机械行业的业务拓展无论租售都只能使用晋工机械的产品。 果然，此后几年国内基础设施建设如火如荼，工程机械行业的生意红红火火，弘信博格从中收益颇丰。 由于与晋工机械合作效益良好，同时又拥有大量优质的集装箱租赁客户，弘信博格很快与三一重工股份有限公司旗下湖南三一港口机械有限公司（以下简称"三一港机"）建立战略合作伙伴关系，并成为三一港机指定融资租赁服务商。"两年后，在看似形势一片大好的局面之下，我们发觉市场有些不对劲，于是逐渐退出工程机械行业。"王丽萍说，"融资租赁行业需要有很强的经济周期把握能力，不仅要懂得进，更要舍得退。"正是因为进退有度，弘信博格才逃过工程机械行业随后遇到的发展泥沼。 2008 年成立以来，弘信博格年均复合增长率超过 20%，2012 年资产规模达 2 亿元，净利润达 2000 万元。

中集控股

事实上，中集集团与弘信租赁合资创立厦门弘集集装箱发展有限公司，仅仅是一次尝试性的战略合作举动，中集集团也只是以参股形式参与经营，控股权依然掌握在弘信租赁手中，但经过两年多的共同经营，中集集团对弘信租赁的经营规范性、团队专业度，以及最重要的经营业绩都给予高度评价。因此，中集集团非常希望双方的合作能够更进一步，并正式提出控股弘信博格的想法。 此前，经过业务重组，弘信租赁已将所有业务注入弘信博格，弘信博格也由此成为弘信创业工场一级子公司。

金融行业本质上是通过良好的风控体系赚取利差的经营过程，融资租赁行业同样也是如此，上游是资金入口，下游是产业出口，通过全过程富有实效的风控管理完成高品质的客户服务。 不难看出，产业出口和风控管理依靠的是经营团队的专业能力，而资金入口则有赖于企业资源能力。 如果无法以较低成本获得充裕资金，经营团队能力再强也无法做大企业规模，这也是国内排名前列的融资租赁企业全部都是国有企业的根本原因。 弘信博格要想做大规模，以较低成本获得充裕资金是前提条件，但如果仅仅依靠弘信创业工场，在短期内完全无法实现。 而中集集团之所以提出控股要求，是因为按照国有上市企业的治理规范，母公司资金只能注入旗下控股公司，而对于弘信博格而言，如果无法以较低成本获取充裕资金，与中集集团在股权层面的再次合作将彻底失去意义。

在弘信博格经营过程中，杨真真和王丽萍早已完全将自己置于创业者的角色，并将彼此视为公司创始人，因此必然希望弘信博格能够在未来拥有更加广阔的发展前景。 在现有控股股东弘信创业工场无法提供充裕的低成本资金时，杨真真和王丽萍显然非常欢迎中集集团控股弘信博格。 然而，让她们感到非常纠结的是，中集集团提出只能以略高于企业净资产的估值控股弘信博格，这是典型的中央企业由于担心国有资产流失而逐渐形成的战略投资风格。 在此之前，与弘信博格经营效益相当的弘信电子刚以 4.8 亿元估值引入国泰君安证券股份有限公司的战略投资，但中集集团对弘信博格的估值却远低于弘信电子，这让杨真真和王丽萍感到非常不理解，由于当时弘信博格经营状况良好，因此她们陷入犹豫不决的决策困境。

在这个过程中，李强却并不迟疑。 虽然选择再次牵手中集集团，意味着弘信创业工场将失去弘信博格控股权，但出于融资租赁行业资金密集型的行业属性，如果无法拥有充沛的低成本资金，最终只能是小打小闹，这完全不符合弘信创业工场始终坚持要将事业平台做大做强的经营导向。"其实，短期从股权融资角度看是吃亏的，但随着股权结构的优化，从长期看对弘信博格的发展是有利的。"李强说。 因此，他不仅很快接受了中集集团的控股要求，而且劝说经营团队接受中集集团给出的低估值。"中集集团控股弘信博格是里程碑式的事件，从此弘信博格的发展可以用一日千里来形容。 在这件事上，李强起到决定性的作用，他以更加长远的眼光，在更大的经营格局中，在当下做出了正确的战略决策。"杨真真说。 2013 年 6 月，中集集团完成对弘信博格的战略投资，持股比例为 51％，弘信创业工场及弘信博格经营团队成员合计持股比例为 49％，同时确立在未来 5 年内完成百亿元融资租赁资金投放的战略目标。

在成为中集集团控股子公司后，弘信博格确实以较低成本获得了充裕资金，然而在业务端却并没有打开局面。 事实上，当时弘信博格在经营层面依然处于初级阶段，具有机会主义导向的显著特征，缺乏站在更高层面展开战略规划与布局的能力。 因此，当骤然获得丰沛资金时，经营团队显得十分着急，四面出击寻找业务，完全没有行业垂直深耕的概念，进而导致业务十分分散，容易出现系统性的经营风险。 虽然中集集团是控股股东，但由于融资租赁并非本业，因此当时除了提供资金支持外，再无法提供更多建设性的经营建议。 此时，恰逢弘信创业工场旗下弘信电子发展势如破竹，移动智能终端制造产业蕴藏巨大潜力。 因此，李强建议杨真真可以尝试切入消费类电子行业，背靠弘信电子的行业影响力及其专业判断力，为弘信电子及其上下游企业提供融资租赁服务。

"在大家都感到比较迷茫时，李强给我们指出了一个方向。 那两年，弘信博格为弘信电子及其上下游企业如深圳深越光电技术有限公司、深圳联懋塑胶有限公司、厦门恒坤新材料科技股份有限公司、腾捷（厦门）电子有限公司等累计投放融资租赁资金超过 8 亿元。 由于有弘信创业工场的背书，加上其在行业垂直领域具有超强的风险辨识力，因此经营风险完全可控，没有出现过任何坏账，我们也获得了应有的利润回报。"王丽萍说，"当然，由于弘信博格与弘信电子是关联企业，因此彼此合作前必须先获得中集集团的认可。"事实上，更重要的是，消费类电子行业也因此成为弘信博格自工程机械行业之后又一个真正垂直深耕过的产业。 在这个过程中，弘信博格逐渐找到了产业垂直深耕的方向感，深刻感受到了其隐藏着的市场爆发力，并为后来大举进军医疗产业埋下伏笔。

进军医疗

中集集团完成控股后，弘信博格逐渐在战略规划、公司治理层面建立起与中集集团保持一致的管理机制。 在战略层面，中集集团要求旗下子公司每年必须梳理发展战略，尤其重视对标管理；在公司治理层面，必须建立起规范化的董事会决策机制。 于是，弘信博格董事会在中集集团控股之初，就制定出五年投放百亿元融资租赁资金的战略目标，并且全面对标国内经营规模最大的融租租赁企业远东宏信有限公司。 在具体经营方向上，董事会建议经营团队带领公司逐渐转向经营行业规模巨大、利润回报更加平稳和可持续的行业，如此才能让弘信博格资金充裕且成本相对较低的优势获得彰显。 结合宏观经济发展趋势和弘信博格市场优劣势情况，弘信博格经营团队最终决定将主营产业锁定在民生消费领域，并且获得董事会的一致认可。

然而，民生消费领域范围广泛，弘信博格必须从中找寻垂直产业机会。 除了已经进入的消费类电子所依托的智能制造产业外，当时弘信博格暂时还没有大规模进入其他民生消费产业。 2013 年，杨真真和王丽萍在业务拓展过程中结识了不少医疗产业的潜在合作伙伴，同时在对标管理过程中发现，医疗产业在对标企业远东宏信有限公司有着极高的业务占比，而且医疗产业的融资租赁业务恰好具备需要较低资金成本和较高资金额度的典型特征，而其所属的大健康产业更是一个拥有超过 8 万亿元潜在规模的巨大市场。 这一切都让杨真真和王丽萍觉得，似乎再没有其他产业能够像医疗产业一样如此契合弘信博格的战略发展需要。 于是，弘信博格于 2013 年底挥师大举进军医疗产业开展融资租赁业务，并将前期主要服务对象锁定为县级公立医院。

弘信博格之所以以县级公立医院设备融资租赁业务为切入口，是因为在中国的分级诊疗体系中，县级公立医院是极其关键的一环，其覆盖面最广，涉及人口最多，未来将拥有巨大的提升空间。 一流的医生不愿意到县级公立医院就职，但没有人能够阻止一流的医疗设备进入县级公立医院提供诊疗服务。
与此同时,以县级公立医院作为核心客户还具有以下优势:首
先,目标客户容易锁定,全国 2000 多个建制县的公立医院,
弘信博格很容易找到它们洽谈合作;其次,与为中小民营企业
提供设备融资租赁服务相比,县级公立医院单笔业务合作金额
通常都比较大,因为先进医疗设备的价格都在千万元量级,弘
信博格在经营过程中将更加轻松;再次,也是最重要的,公
立医院经营情况整体比较稳定,业务波动较小,企业信用良
好,而且合作周期比较长,通常为五年甚至更久,这也能够让
弘信博格的整体经营逐渐具备更加稳健和可持续的特征。

通过极具前瞻性的战略规划和极为精准的产业聚焦,弘信
博格进入医疗产业精耕细作后如鱼得水,目前已经为超过 100
家县级公立医院提供了设备融资租赁服务,近五年年均复合增
长率超过 50%,并逐渐形成以医疗产业为主体、以智能制造
和新交通能源为两翼的产业发展格局,其中医疗产业业务占比
超过 60%。 2017 年,弘信博格完成 25 亿元融资租赁资金投
放,净利润超过 1 亿元。

远大前程

事实上,欧美发达国家融资租赁行业对 GDP(Gross Do-
mestic Product,国内生产总值)的渗透率大都超过 30%,虽然
近几年国内融资租赁行业蓬勃发展,但对 GDP 的渗透率却依
然只有个位数,因此未来在国内还拥有广阔发展空间。 与此

同时，在所有金融工具中，融资租赁最贴近实体经济，是真正为实体经济服务的金融工具。因此，融资租赁企业必须对产业有极深的理解，这也要求它们在经营过程中必须聚焦于细分产业。通过多年探索逐步确立的"一体两翼"的产业战略布局，让弘信博格构建起全新发展格局，并由此开拓出崭新的发展空间。截至 2018 年底，弘信博格已经累计完成 95 亿元融资租赁资金投放，目前在营资产规模为 36 亿元。

图 2-2　2015 年，时任厦门市工商联党组书记王沁（右）向弘信博格总经理
杨真真授牌，支持弘信博格百亿融资租赁助力中小企业发展

　　在企业整体实现稳健经营的前提下，弘信博格开始在核心经营环节全面推进创新实践，目标旨在进一步提升市场竞争力。在上游资金入口环节，自 2017 年 3 月起，弘信博格作为原始权益人至今已经累计在公开市场成功发行三笔 AAA 级 ABS（Asset Backed Securitization，资产证券化）产品，累计发

行金额超过 12 亿元。 其中，"广发恒进—弘信博格资产支持专项计划"在由中国资产证券化论坛主办的 2018 中国资产证券化和结构性融资行业年会上荣获"年度优秀交易奖"。"一个健康发展的企业，绝对不能过度依赖股东，自身造血能力才是企业命脉，弘信博格多次成功发行 ABS，说明其资产质量获得了公开市场的高度认可，甚至可以说是追捧，弘信博格品牌也因此在公开市场得到强化，这些对于其未来的发展都具有重大战略意义。"杨真真说。 在下游产业出口环节，弘信博格通过产业垂直深耕在医疗产业建立起深度认知能力，并在此基础上尝试在口腔医疗和康复医疗领域拓展股权融资业务，通过产融结合让企业既有短期收益也有长期回报，进而实现可持续发展。 与此同时，弘信博格还逐步构建起全员风控管理体系，并植入项目运营全过程。"作为融资租赁企业，风控绝不是某个部门的事情，而是全体员工共同的责任与使命，并应嵌入具体经营管理指标，进而实现全员风控。"杨真真说，"我曾担任过弘信创业工场风控总负责人，对风控工作的重视可以说是深入骨髓，这也自然而然地成为弘信博格的经营传统。"也正因如此，弘信博格融资租赁项目逾期率和坏账率都长期低于 1%，在同业中保持领先水平。

此外，弘信博格还于 2014 年通过增资扩股完成第三轮股改，注册资本增加到 2130 万美元。 其中，中集集团持股比例为 51%，继续保持控股地位；弘信创业工场持股比例约为 34%，依然是第二大股东；以杨真真和王丽萍为核心的经营团队成员合计持股比例约为 15%，负责公司整体经营管理。 在全新的股权结构中，中集集团虽然是控股股东，但更多扮演战略投资者角色，为公司提供战略牵引和资金支持。 弘信创业工场作为第二大股东，与弘信博格在产业协同层面存在巨大合作空间，随着市场上的金融产品日渐丰富和多样化，融资租赁企业如果无法贴近产业，必将在未来失去生命力，弘信创业工场极其多元化的产业布局，必将能够为弘信博格未来的"贴地飞行"创造想象空间。 正是在这样的股权结构设置背景下，弘信博格既拥有中央企业强大的资源优势，又拥有民营企业极为灵活的经营基因，而且经营团队完全将自己视为创业者，极具开拓进取精神，因此能够快速崛起为国内融资租赁行业重要的新兴力量。 未来，弘信博格将从传统的融资租赁平台向以融资租赁为入口的企业赋能平台转型，其不再是简单地提供资本，而是通过链接弘信创业工场平台上充沛的企业成长资源，为客户可持续发展实现全方位赋能，并从客户成长中分享收益。

巾帼不让须眉，杨真真和王丽萍这对"黄金搭档"，共同历经地方国有企业基层管理者、中小民营企业高层管理者，以及中央企业控股子公司领导者的角色演变，但无论是何种角色，都无法改变她们天生创业者的精神内核。 在弘信博格的发展过程中，弘信创业工场不仅主动放弃控股权，全方位提供战略指引，全力构建产业协同空间，而且正在引进战略投资者，全面推进弘信博格股改上市事宜。 由此，弘信创业工场真正为以杨真真和王丽萍为核心的经营团队提供了成就创业梦想的绚丽舞台，而她们也凭借着极高的创业素养和极强的专业能力，生命不息，奋斗不止，在这个缤纷开放的创业舞台上跳出了属于自己的完美舞姿。

云创业
CLOUD VENTURE

弘信物流

Chapter
03

历经十年创业经营，李震、颜建宏和何波不仅将弘信物流打造成为国内快消品行业白糖供应链及第三方物流服务领域的隐形冠军，而且带领团队在航材供应链领域实现业务突破，未来可期。而十年前，推动他们不仅走到一起，而且还成为核心创业团队成员共同创业的，正是弘信创业工场。

2006 年，因为一次企业之间的合并重组，李震、颜建宏和何波三位来自不同公司的职业经理人因机缘巧合走到了一起，而推动他们不仅走到一起，而且还成为核心创业团队成员共同创业的，正是弘信创业工场，弘信物流集团有限公司（以下简称"弘信物流"）也成为他们全新的创业事业。 在接下来长达十年的创业历程中，他们风雨兼程，背靠弘信创业工场，带领团队成员，共同将弘信物流打造成为国内快消品行业白糖供应链及第三方物流服务领域的隐形冠军，同时在航材供应链领域实现业务突破，并为未来创造出了足够大的商业想象空间。

合并重组

2001 年，弘信创业工场在创立当年就进入港口物流领域拓展业务。然而，由于缺乏明确的战略发展思路，弘信物流始终处于走一步看一步的发展状态，业务非常分散，什么都在做但似乎又都没有做得太好，整体经营层次依然处于以拖车和货代为主的功能型物流发展阶段。2003 年，弘信物流大举进军航空包板业务，怎奈时运不佳，又遭遇 SARS（severe acute respiratory syndromes，严重急性呼吸综合症）危机重创，损失惨重。在那几年，弘信物流唯一的经营亮点是由副总经理何波负责的物流项目部，其凭借着在港口物流领域积累的深厚资源和较强的专业能力为客户提供定制化的物流服务解决方案，先后拿下诺尔起重设备（中国）有限公司（Noell Crane Systems China Limited）、林德（中国）叉车有限公司（Linde Material Handling China Limited）、阿西布朗勃法瑞（中国）有限公司（Asea Brown Boveri China Limited）、百事（中国）投资有限公司（Pepsi Co Investment China Limited）、厦门金龙联合汽车工业有限公司等众多大客户，并且有着较强的盈利能力，每年为公司贡献近 200 万元的净利润。然而，独木难支，仅仅凭借物流项目部根本无法支撑整个公司未来的发展，弘信物流亟须重组团队，重塑战略，重整资源，重新创业。

此时恰逢厦门宏象物流科技有限公司（以下简称"宏象物

流")总经理李宏和副总经理李震也遭遇经营苦恼。 但与弘信物流不同的是，宏象物流遇到的是成长的烦恼。 1996 年，李宏从厦门大学毕业后创立厦门蓝洋船务有限公司（以下简称"蓝洋船务"），主营货运代理业务。 那时货代行业利润丰厚，李宏很快赚到人生中的第一桶金。 然而，随着国有企业开始全面涉足货代业务，凭借强大的资源优势对中小民营企业形成挤出效应，蓝洋船务利润越来越薄，经营一直不温不火。1999 年，李宏发现港口物流行业非常兴旺，于是又创立厦门裕振集装箱运输有限公司（以下简称"裕振运输"），并购置两台拖车开始经营集装箱陆路运输业务，也获得了很好的经营效益。 2002 年，裕振运输已经发展成为拥有十多台拖车、数十个车架的粗具规模的运输公司，并在当年重组为厦门宏象物流科技有限公司，并逐渐开始涉足第三方物流业务。 也是在那一年，一个偶然的机会让宏象物流顺利切入主营非碳酸饮料业务的可口可乐（CocaCola）供应链有限公司（以下简称"可口可乐"）的第三方物流服务体系。 当时，可口可乐在厦门有一批货急需从工厂运送到各地仓库，由于货物吞吐量比较大，原有物流服务商的服务能力跟不上，需要临时从外部借调运力。那时，宏象物流的经营规模已经在厦门民营车队中位列第二，最多可以为客户提供数十个集装箱及拖头运输服务，而且随叫随到，因此很快成为可口可乐临时调用的物流服务商。

在服务过程中，宏象物流发现可口可乐有一个很大的经营痛点。 由于集装箱在运输过程中不可避免地会导致货物破损，因此可口可乐每次都要计算货损金额，并以此向物流服务商要求赔偿。 更糟糕的是，由于货损不可控，导致整体运营成本也不可控，可口可乐的生产经营计划也因此受到影响。

于是，宏象物流借机向可口可乐提出一个解决方案。 假设每个集装箱每年平均货损金额为 600 元，宏象物流就以 400 元承包下来经营，对于可口可乐而言，不仅大幅降低货损金额，而且运营成本完全固化，从而能够精准地安排生产经营计划。"其实，当时我们也只是做了一个简单的估算，假设其他物流服务商在粗放管理下每个集装箱每年的平均货损金额是 600元，如果我们能够实现精细化管理，则完全可以将货损金额控制在 400 元左右。"李震说。 他曾在外资物流企业工作多年，并于 2003 年加盟宏象物流，帮助公司搭建起规范化的管理体系。 宏象物流提出的解决方案获得了可口可乐的高度认可，这使得其很快便成为可口可乐非碳酸饮料业务三年（2003～2005)海运的总包商，其业务覆盖全国 54 个工厂，且业务量急剧膨胀。 更重要的是，在服务可口可乐的过程中，宏象物流从功能型物流服务商成功转型成为第三方物流服务商。 事后经过测算，虽然宏象物流在服务可口可乐的过程中几乎没有盈利，但却因为服务可口可乐而迅速做大了企业规模，每年货运量达到上万个集装箱，年营收近 8000 万元，并因此具备了为规模化企业客户提供第三方物流服务的能力。

2006 年，凭借着过去三年的优质服务，宏象物流再次成为可口可乐非碳酸饮料业务第三方物流服务总包商。 然而，由于可口可乐非碳酸饮料业务规模持续保持快速增长，宏象物流此时在服务能力上出现巨大挑战，甚至有些力不从心。 这是因为，在服务可口可乐的过程中，宏象物流始终处于较低的盈利水平，因此缺乏进一步提升服务能力所需的资金，能在过去三年跟上可口可乐非碳酸饮料业务的发展步伐已属难能可贵。 与此同时，宏象物流过去三年几乎全身心服务于可口可乐，如果因为服务能力跟不上而失去总包商订单，其后果也可想而知。 在这个关键时间节点，引入战略投资者势在必行。此时，李宏和李震想到了曾经组织弘信物流经营团队集体到宏象物流学习的弘信创业工场。

当时，弘信物流最突出的问题是缺乏清晰明确的发展战略，其根源又在于缺乏高水平的专业化人才。 因此，在宏象物流向弘信创业工场提出战略投资需求时，李强开始寻找业内专业人士协助谈判，这时他想到了颜建宏。 1991 年，颜建宏从上海对外经贸大学毕业后加盟中国外运股份有限公司工作多年，辞职创业后创新性地开辟出厦门到上海集装箱海运专线，并且收益颇丰。 然而，随着中国远洋海运集团有限公司等实力雄厚的中央企业也开始涉足这条航线，他们不得不逐渐退出市场。 此后，颜建宏加盟厦门金铁国际货运有限公司，它隶属于拥有百年历史的日本第二大物流企业近铁集团（Kintetsu Worldwide Express，KWE）。 经过五年历练，拥有国际一流物流企业管理经验的颜建宏也在寻找新的发展机会。 在李强的邀约下，颜建宏以弘信物流谈判代表的身份参与到与宏象物流的合并重组谈判之中。 在颜建宏看来，当时弘信物流更偏向于在做国际港口物流相关业务，而宏象物流则较早地涉足了国内物流业务；宏象物流有订单，有人才，也有能力，但缺乏资金和品牌，而弘信创业工场恰好具备较强的融资能力和品牌优势。 那几年随着弘信电子的快速成长，弘信创业工场经营实力显著增强，但旗下的弘信物流却缺订单，缺人才，也缺方向。 因此，双方具有很强的互补性，如果能够通过合并重组实现优势互补，未来将有很大机会做大做强。 对此，李宏和李震也深表认同，于是双方很快达成合并重组意向。

2007 年 1 月 1 日，弘信物流与宏象物流正式通过股权置换完成合并重组。在合并重组过程中，李宏选择将宏象物流的股权全部置换到弘信创业工场，并开始尝试经营其他业务，而颜建宏则在李强力邀下选择加盟弘信物流。于是，弘信物流重新形成以李震为总经理、颜建宏和何波为副总经理的全新经营团队，他们也各自成为彼此的创业合伙人，完成合并重组后的弘信物流注册资本为 1850 万元，通过股权置换和自有资金投资等方式，经营团队合计持股比例达到 35％。

重塑战略

与宏象物流完成合并重组后，弘信物流正式成为可口可乐非碳酸饮料业务下一个三年(2006—2008)的物流服务总包商。然而，经营团队首先要面对的就是资金短缺的难题。此时，弘信创业工场发挥了关键作用，财务中心团队成员几乎走访了厦门所有可能合作的银行，全力推进财务营销。凭借已经拿下的可口可乐非碳酸饮料业务物流服务总包商订单，以及弘信创业工场的背书，弘信物流最终顺利从厦门银团合计获得 5 亿元授信额度，彻底解决了资金难题。"在经营宏象物流期间，作为中小民营企业很难从银行获得贷款，更多是通过民间借贷方式解决资金问题，高达 5 亿元的银行授信更是想都不敢想。"李震说。

解决资金难题后，随着全新经营团队成员全部到位，接下来要解决的就是企业战略问题。过去弘信物流之所以发展不起来，就是因为战略始终不够清晰。当时，可口可乐在弘信物流业务占比中一家独大，而且完成合并重组后的弘信物流经营规模依然偏小。因此，李强和李震等核心团队成员一起制定出全心全意服务好可口可乐的大客户发展战略，通过与可口可乐共同成长历练能力做大规模，同时借助为可口可乐提供第三方物流服务的难得契机，逐渐在快消品行业沉淀出国内最为领先的第三方物流服务能力，而后再以此切入其他快消品企业，并最终在快消品行业最大做强。不难看出，弘信物流全新的战略发展思路非常清晰，即通过资源聚焦全力服务好龙头企业客户，并通过精耕细作做深做透垂直产业，由此建立起行业最佳服务能力，而后再向下俯冲占据整个细分市场。

　　与此同时，由于受到何波在物流项目部期间通过整合资源为客户提供物流服务解决方案的启发，弘信物流开始逐渐将公司做轻，建构起轻资产、重服务的全新运营模式。其中，最核心的是逐渐将可替代性强的拖车、车架、仓库等关停并转。以拖车为例，弘信物流早期曾斥资购买了20辆全球知名的斯堪尼亚（SCANIA）拖车，宏象物流更是曾将拥有规模化的拖车车队视为核心竞争力，在完成战略重塑后，他们将大多数拖车都转卖给车队或者有购车意向的司机，车队也逐渐与弘信物流完全脱钩，成为独立的运力服务商。在这个过程中，弘信物流不仅卸下了沉重的装备设施，而且还大幅减少了员工数量，但营业收入却每年都在大幅上升，轻装上阵全面转型的弘信物流成为快消品行业第三方物流服务解决方案提供商。2009年，弘信物流营业收入突破3亿元，是2006年的近4倍，但员工人数却同比减少了约45%。在这个时间节点，弘信物流之所以敢于将公司做轻，是因为其作为可口可乐的第三方物流服务总包商，不仅容易整合社会资源完成第三方物流服务，而且还具有很强的市场议价权。对弘信物流而言，最重要的是要具备为可口可乐提供定制化的第三方物流服务解决方案，并通过整合社会资源实现高效管理，最终将高品质的第三方物流服务有效落地的能力。

2009 年，可口可乐非碳酸饮料业务第三方物流服务商筛选机制发生重大变化，不仅彻底终结总包商模式，而且全面引入竞争机制。然而，此时的弘信物流已经丝毫不畏惧竞争，由于有了清晰的发展战略和全新的商业模式，因此敢于继续以 2006 年的合作价格切入竞标，从而轻松拿下可口可乐非碳酸饮料业务超过 80％的第三方物流服务市场份额，其凭借着定制化和高品质、低价格的第三方物流服务解决方案，继续在可口可乐非碳酸饮料业务第三方物流服务商中保持着一家独大的经营格局。

图 3-1　2009 年，弘信物流与可口可乐 SCMC 白糖采购执行战略协议签字，标志着弘信物流从第三方物流向供应链管理的重大转型

中国最佳白糖供应链

虽然可口可乐非常认可弘信物流的服务品质，但作为第三方物流服务商，其依然具有较强的可替代性。 尤其是引入竞争机制后，其他物流服务商逐渐成长起来，这对弘信物流多多少少都会构成竞争压力。 为未雨绸缪，以李震为首的弘信物流经营团队开始琢磨如何通过业务创新不断强化服务黏性，让可口可乐真正与弘信物流建立起可持续的战略合作伙伴关系。最终，弘信物流决定寻找机会切入可口可乐原材料供应链体系，从第三方物流服务商全面升级为对可口可乐极具战略意义的原材料供应链服务商。 如果成功完成转型升级，不仅能够让第三方物流业务市场份额更加稳固，而且还能逐步实现通过提升服务能力延展服务链条，进而做深做透快消品行业供应链服务的既定发展战略。 这并非不可能。 可口可乐非碳酸饮料业务完全由可口可乐供应链有限公司操盘运营，通过整合社会资源完成业务发展是它最为典型的经营特征，几乎所有经营环节都是通过外包完成运营。 因此，如果弘信物流能够有效解决可口可乐现有原材料供应链体系中的某些经营痛点，基于原来良好的合作关系，必定有机会成为可口可乐原材料供应链服务商。

在调研过程中，弘信物流发现，凭借强大的品牌效力和巨大的规模效应，可口可乐确实在大部分原材料采购中都具有极强的话语权，但唯独在最重要的白糖采购环节却几乎完全没有任何话语权。 可口可乐不仅必须先付款才能拿到货，而且货源还不稳定，同时必须在对方指定时间内将货全部清走，最糟糕的是在价格上也完全没有话语权，整个采购过程体验非常差。 而之所以糖厂会如此强势，是因为白糖属于国家战略物资，而且又有约70％集中在广西地区，主要由当地国有企业垄断经营，并且享受着一定的市场保护政策。 作为可口可乐在原材料供应链中的最大痛点，自然也就成为弘信物流切入可口可乐原材料供应链体系的最大机会。 如何通过模式创新帮助可口可乐解开死结，同时又能够让利益相关方都满意，成为弘信物流最大的挑战。

其实不难发现，只要可口可乐直接向糖厂采购白糖的供需关系不改变，可口可乐就不可能获得高品质的白糖供应链服务。 弘信物流如果介入其中，首先必须将现有的直接供需转变为间接供需，即由弘信物流向糖厂采购白糖，而后再由弘信物流向可口可乐提供高品质的白糖供应链服务。 然而，白糖采购金额动则几千万元甚至数亿元，弘信物流拿什么付款给糖厂呢？ 此时，弘信物流巧妙地利用了可口可乐作为世界级企业的公司信用，通过与可口可乐及糖厂签订三方协议，再凭借三方协议向银行贷款，而后将从银行获得的贷款支付给糖厂。与此同时，弘信物流在白糖产区兴建现代化的白糖仓库实现控货，从而不仅让银行贷款有了货值保障，而且让可口可乐可以根据生产经营计划用多少白糖就采购多少白糖，弘信物流也随之将从可口可乐收回的采购款分期支付给银行。

在这个过程中：首先，糖厂的利益依然有保障，一手货一手钱没有任何变化；其次，可口可乐从弘信物流获得稳定的货源和优质的服务，全国数十家工厂可以有序安排生产计划，同时实现分期付款，避免长时间的资金占用，可口可乐与弘信物流还可以在仓库中实现虚拟交割，进而减少货品搬运次数及其造成的品质下降和数量损耗；第三，弘信物流顺利切入可口可乐原材料供应链体系，通过嫁接第三方物流服务，极大强化了对可口可乐的服务深度，与此同时，由于白糖存储在弘信物流仓库中，在仓储过程中可以为可口可乐提供更多增值服务，从而进一步拓宽服务广度；第四，对银行而言，由于弘信物流拥有三方协议，而且实现有效控货，因此贷款风险完全可控，这使得其能够获得稳健的利息回报。2009 年 7 月，弘信物流正式成为可口可乐非碳酸饮料业务白糖供应链服务商。

然而，理想很美好，现实却很残酷。

2009 年，弘信物流初到广西就遭遇"水深火热"的经营境地。当时，弘信物流计划先通过租用仓库实现过渡经营，但由于对广西的气候和地形缺乏研究，又完全没有白糖仓储经验，最初租用的仓库位置低洼，暴雨天气出现雨水漫灌，导致大批白糖损耗。而后，他们吸取经验在高洼地租用仓库，不幸的是周边全都是家具及纸品仓库，遭遇火灾后连片燃烧，并漫延到弘信物流的白糖仓库。"那天是中秋节，我们在厦门收到消息后完全不知道结果会怎么样，因为火势还在漫延，仓库存放着 5000 多万货值的白糖，心理压力非常大。"李震说，"经营团队一起去和李强沟通时，一致表态就算白糖全部烧掉也要重新再来，绝不放弃经营白糖供应链，那种遇到困难时的团队凝聚力，直到现在还历历在目。"幸运的是，由于消防人员及时赶到，弘信物流最后只损失了几百万货值的白糖，整体经营并没有遭受到致命打击。

2010 年，弘信物流开始在南宁市兴建现代化的白糖仓库。 说起弘信物流的白糖仓库，曾担任广西北部湾弘信供应链管理有限公司(以下简称"广西公司")总经理长达 6 年的何波兴致盎然。"弘信物流在南宁的 4 个白糖仓库全部都是郑州商品交易所白糖期货交割库的标杆仓库，也是业内公认的广西最好的白糖仓库。"何波说。 第一是服务标准，弘信物流的白糖仓库不脏兮、不结块、不流浆，少了、丢了、坏了全部赔偿，而且客户将白糖放进仓库后无论是交付给郑州商品交易所、可口可乐、白糖贸易商，乃至于电商平台，在提货时都不需要任何多余动作就可以直接交付给它们，仓库为此损失了10％的库容，虽然价格比其他仓库高出 15％，但客户依然非常认可。 第二是硬件，弘信物流白糖仓库中的叉车托盘照明防暑防尘抽湿设备全都是业内最好的装备，这些装备要发挥最佳效用必须结合仓库的系统设计，从门和甬道的高度宽度深度设计到地表处理防水层处理等，这是一个完整的系统工程，需要时间和经验沉淀。 第三是拥有极为细致清晰的作业流程，员工必须通过系统考试才能正式入职。 第四是拥有先进的信息管理系统，弘信物流的白糖仓库是业内最早装上监控系统的，仓库设有白糖检验室，客户在手机端就可以随时查看自己的货品，包括温湿度情况和白糖品质情况。 第五是拥有全套专业操作工艺，白糖养护需要工夫，什么天气可以进货，什么天气容易受潮，如何进行有效的抽湿作业，如何避免回南天返潮……从而保证白糖清爽、干净、不结块、不流浆。 第六是员工选聘、培训高标准，包括聘用标准、培训体系、实习作业、上岗操作等，确保 4 个仓库连人带设备随时可以轮调，工艺设备全部标准化，操作人员也必须能够完成标准化作业。

凭借多年为客户提供第三方物流服务解决方案的深厚沉

淀，以及经营团队极强的行业专业素养，弘信物流与可口可乐在探索中共同成长，并最终沉淀出白糖一体化供应链金融及第三方物流解决方案。 这是一套包括供应链金融（supply chain finance，SCF）、中央配送中心（central distribution center，CDC）、供应商管理库存（vendor managed inventory，VMI）、来料质量控制（incoming quality control，IQC）、区域配送中心（regional distribution center，RDC）、准时制物流（just-in-time logistics，JIT）等在内的供应链整体解决方案。 通过这套解决方案，可口可乐的白糖最高库存天数从 45 天降低到 3 天，整个白糖采购工作有序而精准；资金周转率得到显著提升，最高占用天数从 83.5 天降低到 7 天；更重要的是采购成本大幅降低，以每年采购 25 万吨白糖测算，全新供应链模式每年能够为可口可乐省下 3037 万元采购费用。 为此，可口可乐亚太区于 2010 年专门为弘信物流颁发了"供应运作创新奖"，弘信物流也因此拿下了可口可乐在中国大陆地区 70％的白糖采购业务量，以及可口可乐能够给到供应商的所有荣誉。 2011 年初，全美供应链管理专业排名第一的美国佐治亚理工学院（Georgia Institute of Technology）将弘信物流白糖供应链创新实践案例纳入其教学案例库。

嵌入可口可乐非碳酸饮料业务白糖供应链体系后，弘信物流在服务过程中逐渐沉淀出强大的快消品行业原材料供应链服务能力。 然而，正当诸事顺利之时，市场却再生变局。 虽然弘信物流高效地解决了可口可乐白糖供应链的效率问题，但却没有办法解决它的价格问题。 由于无法与糖厂达成彼此都认可的白糖采购价格，可口可乐供应链有限公司自 2012 年起全面调整产品配方，开始北上寻找玉米淀粉糖逐渐替代蔗糖，因

图 3-2　2010 年，可口可乐授予弘信物流最佳创新奖，
高度认可其在供应链上的卓越表现

此对白糖的需求一落千丈。这对弘信物流而言绝非利好消息。在这个关键时间节点，弘信物流合并重组之初制定出的通过服务可口可乐构建起快消品行业最佳服务能力后，再俯冲全行业的发展战略开始全面落地。事实也正如经营团队所预料，广州王老吉药业股份有限公司、达能集团（Danone）、百事（中国）投资有限公司、汇源集团有限公司、卡夫食品（中国）有限公司（Kraft Foods）、达利食品集团有限公司等业内知名企业对弘信物流多年锻造出的高品质的白糖供应链服务能力高度认可，纷纷与弘信物流建立合作关系，弘信物流白糖供应链的整体经营依然稳健。

2015 年，在成为中国最佳白糖供应链服务商之后，弘信物流再下一城，旗下白糖电商交易平台上糖网的建设让它开始从白糖供应链服务延伸到白糖交易环节，成为白糖供应链金融生态中交易平台的提供者。 在过去，弘信物流主要通过管控上下游物流活动，针对糖厂提供综合性金融服务，现在不仅依然扮演第三方物流角色，同时还依托上糖网扮演商品交易媒介、交易过程管理、交易及信用数据沉淀等多重角色，进而能够与银行共同承担起风险管控职能，进一步巩固弘信物流作为国内领先的白糖供应链金融服务商的行业地位。

云仓配

在上游原材料端将高水平的白糖供应链服务能力释放到整个快消品行业之后，2012 年，弘信物流经营团队开始考虑同步将下游高品质的第三方物流服务能力也释放到整个快消品行业。 这既符合弘信物流既定发展战略，也契合真实的客户需求，因为国内快消品企业不仅需要白糖供应链服务，也需要具有极强行业垂直属性的第三方物流服务。 随着海铁运输开始呈现出没落态势，以及国内快消品行业客户持续增加，弘信物流开始全力布局干线运输，并必须具备城市最后 1 公里的商品配送服务能力，唯有如此才能持续满足客户需求。 2012 年，弘信物流陆路运输事业部正式成立，开始大力发展托盘化和标准化的集装箱陆路运输业务，由林文良担任事业部总经理。

1996 年，林文良从厦门大学毕业后与李宏一起创业，从蓝洋船务、裕振运输再到宏象物流，一直和李宏一起并肩作战。 2006 年，弘信物流与宏象物流完成合并重组后，林文良进入弘信物流工作，在快消品及港口物流领域有很深的专业沉淀。 然而，与海铁运输不同的是，公路运输需要密集的网点布局，只有形成全国网络才能持续为客户创造价值。 但是，网点布局不仅需要时间，而且需要持续投入大量的人力、物力和财力，运营过程也更加复杂。"过去做海铁运输，我们在厦门就可以指挥全国，但现在做陆路运输，必须通过全国网点布局才能实现高效运营。"林文良说，"虽然需要探索，而且在探索过程中也必然会付出代价，但这条路我们选对了，此后海铁运输确实很快没落下去，而陆路运输则非常繁荣。"

经过几年沉淀，弘信物流逐渐在全国 70 多个城市建立分支机构，初步形成具有一定密度的干线物流服务网络，而且具备城市最后 1 公里的商品配送能力。 与此同时，除了可口可乐，农夫山泉股份有限公司、百威英博啤酒集团（ABInBev）、青岛啤酒股份有限公司、雀巢集团（Nestle）、达能集团、中粮集团有限公司、徐福记国际集团有限公司、维他奶国际集团有限公司、中绿食品集团有限公司、广州珠江啤酒集团有限公司、中顺洁柔纸业股份有限公司、海天调味食品股份有限公司等也都成为弘信物流的大客户，在品类上也逐步从酒水饮料拓展到粮油调味和休闲食品。 然而，在整个运营过程中，林文良发现快消品行业是一个完全依靠走量的行业，利润极其稀薄，如果仅仅依靠第三方物流服务，将很难建构起较强的盈利能力，未来想象空间也很有限。 但是，如果能够将已经搭建起来的第三方物流服务网络重新定义为快消品行业的产业互联网平台，则将在未来具有无限的商业想象空间。 经过重新定义，物流配送和仓储管理的价值定位就是微利的基础服务功能，在此基础上逐步嵌入供应链金融、共享仓储、集中采购等高附加值产品，通过持续打造出客户需要的增值服务不断拓宽盈利范围，进而全面提升盈利能力。"拿供应链金融来说，我们通过仓储实现控货，加之快消品非常容易变现，因此向经销商提供相应货值的银行授信几乎没有任何风险，完全可以链接银行等金融机构共同提供供应链金融服务。"林文良说，"再说共享仓储，很多经销商的仓库都存在很大的空间浪费，而且管理水平有限，也几乎没有信息化管理系统。我们投资兴建仓库后，经销商就可以租用，不仅大幅节约仓储成本，而且能够享用到高品质的现代化仓储服务。在这个过程中，我们还可以建立集中采购平台，经销商可以一起团购各自需要的物品装备等。"

以百威英博啤酒集团（以下简称"百威英博"）为例。过去，百威英博的货品从工厂出来后通常都是运到一级经销商的各个仓库，一级经销商再分发给二级经销商，二级经销商再配送到终端商店。由于百威英博要求经销商必须先到款才能生成订单进而完成生产，因此经销商都是到最后一刻才会付款，从而降低资金成本。由此导致百威英博的生产过程、物流配送等全部都集中在每个月的最后几天。在这个过程中，百威英博的痛点在于：第一，生产计划不均衡；第二，物流服务临时化导致成本偏高；第三，容易发生串货行为。一级经销商的痛点在于：第一，由于需要一次性垫资完成当月采购，资金压力较大，常常需要通过民间借贷完成资金周转，资金成本很高；第二，由于缺乏投资仓储配送的意愿，仓储配送服务不专业，服务时效性及货品完整性较差；第三，希望能够越过二级经销商直接配送到终端，从而提升盈利能力。于是，弘信物流与一级经销商建立合作关系，通过建立现代化的经销商协同仓嵌入整个服务链条。在这个过程中：首先，经销商协同仓解决仓储问题，一级经销商不需要再去投资建设仓库；其次，由于通过仓储完成控货，弘信物流可以通过链接银行等金融机构共同为一级经销商提供供应链金融服务，解决资金成本高的问题；再次，弘信物流帮助一级经销商越过二级经销商，直接将货品配送到终端商店。　对百威英博而言：首先，经销商资金压力得到缓解后，销多少采多少，百威英博生产计划不均衡的问题得到解决；其次，弘信物流越过二级经销商，直接将货精准送达终端，解决串货问题；再次，百威英博可以将第三方物流服务订单交给弘信物流，解决物流成本偏高的问题。　此外，在这个过程中，由于拥有现代化的仓储空间、设备和专业化的精细管理，同时将货品搬运次数从 3 次减少到 2 次，货物完整性得到有效保障，极大地降低了货损金额。　二级经销商由于市场价值有限而被彻底革命，但是弘信物流选择通过整编二级经销商队伍完成终端配送服务，由于弘信物流拥有众多快消品行业客户，被整编后的二级经销商队伍配送业务量急剧增多，而且经过系统培训后也更加专业。　在整个运营过程中，弘信物流通过共享仓储和共享物流形成规模效应，通过完成价值链重构实现四方共赢，并能够从物流成本节约、金融服务分成、统仓集配收益等多个盈利点获得经营利润。

　　无论宏观经济如何，老百姓都需要吃喝拉撒，因此快消品行业具有市场规模足够大并且整体经营相对稳定的典型特征，同时，其又属于民生工程，政府也十分支持。　每年都有近 500 亿元货值的快消品在弘信物流的仓储物流网络上奔跑，进而搭建起一个相对稳定的快消品行业产业互联网平台。　而弘信物流之所以能够扮演平台主角色，是因为它不仅是国内众多快消品巨头全国性的白糖供应链及第三方物流服务商，而且整个经营团队在快消品行业有着多年的深厚积淀，并且已经初步搭建起全国最大的快消品行业仓储及第三方物流配送网络。 于是，弘信物流于 2015 年成立控股子公司云仓配供应链管理（厦门）有限公司（以下简称"云仓配"）独立经营快消品行业产业互联网平台，经营团队通过股权置换和自有资金投资合计持股比例达到 40％，由林文良担任总经理。"京东集团有限公司和阿里巴巴集团控股有限公司垄断了商业互联网平台后，如今也开始大举进军产业互联网平台，然而它们都自带商流，而云仓配是纯粹的第三方物流服务平台，因此与相关利益方更容易结成利益共同体。"林文良说，"目前，这个领域还没有出现独角兽，因此云仓配有很大的机会。 当然，我们的挑战在于需要持续投入资金，才能打造出密度更高价值更大的产业互联网平台。"

图 3-3　云仓配应用自主研发的千隼系统，智能监测全国不同网点
运营情况，并基于大数据分析做出相应战略布局

目前，虽然云仓配已经搭建起覆盖全国 200 多个城市的配送网络，自主研发的"千隼"生产管理系统和"货有友"互联网平台也已经实现了对客户 7×24 小时的实时响应和对货品的全生命周期管理，但这还只是万里长征的第一步。未来，云仓配希望打造出全国性、多层次的智慧仓配平台，同时叠加新能源应用、无人驾驶和供应链金融，通过科技与金融为合作伙伴赋能，逐渐构筑起深厚的企业护城河。在弘信创业工场的战略支持下，除了已经获得的银行授信外，云仓配正在推进股权融资引进战略投资者，进而为登陆资本市场做准备。2018年初，随着弘信创业工场财务中心总经理张立调任云仓配财务总监，云仓配的资本运作进程全面提速。

航材供应链探路者

除了在快消品行业实现垂直纵深发展，并已经成为细分领域的隐形冠军，弘信物流还于 2008 年开始零散地涉足航材配送领域，尝试性地拓展新业务。作为国内最大的一站式航空维修基地，在厦门开展航材供应链业务具有天然的地理优势。经过几年探索，弘信物流旗下航材供应链业务逐渐走向成熟。2015 年，弘信物流成立控股子公司弘信供应链管理（厦门）有限公司(以下简称"弘信航材")独立经营航材供应链业务，经营团队通过股权置换及自有资金投资合计持股比例达到22%，由王澍担任总经理。王澍于 2002 年 10 月加盟弘信创业工场，在弘信物流各个岗位上历练多年，在逐渐探索出航材供应链业务的经营门道后,他下定决心全身心投入其中。

弘信航材目前在营线路为香港至厦门航材陆运专线,在这条线路开辟之前,航空公司主要通过两种方式运送航材:第一,同样走陆路运输,成本相对较低,但每周只有两趟货车,时效性相对较差;第二,改走航空运输,每天都有机会可以运送,但成本很高,当然时效性也会好很多。 弘信航材的创新之处在于:同样是陆路运输,但实现货运班车化,每天各有一辆货车往返两地,由于陆路货运可以先报关再运输,但航空货运必须先到港再报关,并且航空运输准点性较差,因此陆路货运班车化的时效性甚至强过航空运输,但价格却要低得多。那么,为什么弘信航材可以实现陆路货运班车化呢? 这是因为它通过开辟厦门至香港航材陆路货运班车化专线向市场提供了极具竞争力的航材供应链服务,于是陆续与多家航空公司签订合作协议,进而在经营上形成规模效应,因此完全能够消化陆路货运班车化带来的成本支出。

不难看出,弘信航材的经营妙处在于,通过先入为主同时获得一定数量的航空公司客户,进而建立起规模效应和进入门槛。"其实相当于几家航空公司共享了这条专线服务,纯粹是通过模式创新赢得市场,但因为这些航空公司已经与我们签订了合同,其他公司就不可能再以陆路货运班车化模式经营这条线路,因为无法形成规模效应。"王澍说,"当然,这只是我们切入市场的方式,绝不能将其视为核心竞争力,接下来要逐渐开始以库存共享模式经营航材仓储业务,只有通过模式创新提供高品质的航材仓储服务真正创造出具有市场竞争力的客户价值,才能够在未来拥有持久稳固的市场空间。"

历经十年创业经营,李震、颜建宏和何波不仅将弘信物流打造成为国内快消品行业白糖供应链及第三方物流服务领域的隐形冠军，而且带领团队在航材供应链领域实现业务突破，未来可期。 更重要的是，林文良、王澍等骨干人员在这个过程中迅速成长起来，并已经开始担当大任。 2018 年，弘信物流整体营收突破 11 亿元，并全面拆分为经营白糖供应链的广西公司和上糖网电子商务（厦门）有限公司、经营快消品行业产业互联网平台的云仓配、经营航材配送及仓储业务的弘信航材，以及通过战略投资完成相对控股的食用油产业互联网平台弘信绿通（北京）科技发展有限公司四大板块，各个板块都通过独立创业团队大比例持股模式实现独立经营。 此外，弘信物流在过去十年经营过程中通过增资扩股等方式完成多次股改，经营团队持股比例也已经从最初的 35％上升到 45％。 随着李强于2016 年重新出任弘信物流董事长，弘信创业工场已经开始全面推动弘信物流旗下云仓配等成熟业务板块的上市筹备工作。

云创业
CLOUD VENTURE

创业维艰

Chapter
04

　　十年国企经历，他一路做什么成什
么，鲜花与掌声不断，从未遇到过重大
挫折。 然而，带着"国企能人"的巨
大光环改制创业后却始终打不开局面，
李强甚至一度陷入战略迷茫。 心怀
"赌一把"的想法，却导致企业遭遇破
产危机。 客户逼债，股东退股，银行
要求抵押个人资产，员工人心散乱……
2003 年，李强真正感受到了凤凰涅槃
般的精神熔炼。

　　2001 年，当李强买断工龄果断放
弃前程似锦的国有企业生涯改制创业
后，却发现自己并不清楚未来具体要做
什么。 他唯一能够确定的是，自己走
的是一条开弓没有回头箭的创业之路，
并且路途之中荆棘遍地，险象环生，必
将遭遇千难万阻，历经千辛万苦，因此
唯有坚韧不拔、百折不挠、恪守诚信，
才有可能在这条没有终点的创业道路上
修成正果。 于是，他将公司定名
为——厦门弘信创业股份有限公司（以

下简称"弘信创业工场")。

国企能人

　　1991年,李强从大连海事大学计算机专业毕业后放弃香港的工作机会选择回乡就业,进入厦门港务局(以下简称"港务局")旗下厦门外轮代理有限公司工作,担任计算机室集装箱号录入员。 那时候,厦门几乎所有对外贸易业务都需要经过外代才能完成交易,因此外代也成为港务局乃至厦门最好的工作单位,不仅社会地位高,而且待遇也非常好。 然而,集装箱号录入员的工作对个人能力要求不高,而且属于辅助性工作岗位,在李强看来完全没有发展前途。 因此,当外代要开始筹建箱管部时,李强马上申请转岗加入箱管部。

　　在箱管部,李强的才华终于获得充分施展。 那时候,由于港口集装箱管理水平较低,航运企业经常会用错集装箱,为此港务局每年都要耗费巨资在全球范围内追回那些用错的集装箱。 加入箱管部后,李强经常跑到码头用心观察集装箱的使用规律,很快便开发出全国首创的集装箱计算机自动识别程序,这套程序能够在集装箱进入码头后很快识别出是否有用错的状况出现,这样一来,厦门港的集装箱管理水平获得显著提升,每年能为港务局省下近千万元的费用。 1995年,李强晋升为箱管部经理。 在获得外代领导层支持后,他推动箱管部花了两年时间开发出全港码头、拖车、堆场、外代、海关年检等单位全面联网的数据交换系统(electronic data interchange,

EDI），并逐渐建立起厦门港集装箱管理体系，为外代构筑起难以穿透的竞争壁垒，成为全国各大港口争相效仿的对象。 在李强的领导下，箱管部不仅连续三年被评为港务局先进集体，而且还成为全国外代系统的标兵单位。

李强加入外代时，正值中国航运企业集装箱化发展的初始阶段。 那时候，集装箱租赁业务主要集中在国际集装箱租赁企业出租给国际航运企业层面，但在这个过程中需要各个港口外代公司协助办理各类手续，这类业务被称为集装箱租赁代理业务，由各个港口外代公司垄断经营，虽然利薄但却是极为稳定的盈利来源。 由于当时国内航运企业集装箱化刚刚起步，因此只有中国远洋海运集团有限公司等少数中央企业具备自行订造集装箱的经营实力。 集装箱化是国内航运企业未来发展的必由之路，面向国内航运企业的集装箱租赁业务亟待破冰，一旦破冰必将引爆市场。 然而，由于国际集装箱租赁企业缺乏对国内航运企业经营情况有效渠道的深入了解，因此都不敢贸然面向它们开展集装箱租赁业务。 由此，市场需求与市场供给之间由于信息不对称而出现断层。

这时候，作为外代箱管部经理的李强看到了机会。 为什么不能借助外代较强的企业实力和极高的信用评级，以转租者角色切入集装箱租赁市场呢？ 在成功说服外代领导层后，外代租箱业务很快发展起来。 虽然业务发展很快，但李强在经营过程中发现，在外代部门结构下开展业务依然受到很多条条框框的约束，于是他开始推动外代成立独立子公司专业经营租箱业务。 1996 年 12 月 8 日，厦门外代租箱代理有限公司正式创立，并且成为国内第一家专业经营租箱业务的企业。 外代租箱成立后，李强全面打破国有企业员工必须由上级单位招聘分配的惯例，在厦门国有企业中第一次公开进行社会招聘，一举招揽到大量富有才华的员工。 与此同时，外代租箱还创新性地引入社团法人持股，即外代持股比例为51％，外代工会持股比例为49％，注册资本为50万元。 为了出任外代租箱总经理，李强果断辞去箱管部经理的职务。 那时，箱管部已经是一个拥有近50名员工、年营收达1.5亿元，并且掌握很大实权的重要机构，而外代租箱则只是一家初创不久的小公司。因此，当时很多人都不理解李强做出的选择，其实他只是希望自己能够在一个真正拥有自主经营权的环境中经营企业。

图 4-1　1996年，厦门外代租箱代理有限公司成立，主要成员合影留念

随着国内航运企业集装箱化进程迅速加快，外代租箱也很快发展起来。 然而，虽然租箱业务每年都能够盈利近百万元，但业务规模依然偏小，于是李强又带领团队进军租赁业

务。 当时，很多外资船公司驻厦门代表处的员工在工作中都有用车需求，虽然公司不给员工配车，但允许他们租车，李强看到了这个机会，于是外代租箱买下一批轿车长期租赁给他们。 外代租箱之所以能够切入资金密集的租赁业务，是因为它可以向现金流极为充沛的外代拆借资金。 轿车租赁业务实现盈利后，外代租箱又逐渐进入拖头、托架、半挂车、货车租赁，而后进一步切入港口相关设备及车辆销售业务，由此租赁业务很快成为外代租箱第二大业务板块。 此后几年，外代租箱稳步实现快速成长。 截至 2001 年，外代租箱年均净资产收益率达 27%，年均净利润增长率超过 50%，累计利税超过 1800 万元。 在这个过程中，外代租箱完成一次增资扩股，注册资本增加为 500 万元，并在外代工会持股的基础上引入港务局工会和外代租箱工会共同持股，其中外代持股比例为 35.7%，三大工会社团法人合计持股比例为 64.3%。

在外代租箱创立和发展过程中，李强的经营管理才华赢得了港务局领导层的赏识。 1997 年，厦门港务局全面开启政企分开改革工作，筹建厦门港务控股集团（以下简称"港务集团"），当时年仅 28 岁的李强调任至港务集团筹建办公室，担任企业管理处全面主持工作的副经理，同时分管审计、法律等重要部门，在 1998 年 6 月 8 日港务集团成立后，他也因此成为港务集团最年轻的中层干部。 而后，李强兢兢业业地带领团队花了一年多时间制定出港务集团发展战略、组织架构、管理制度、上市规划等，并在这个过程中再次赢得颇多赞誉，他也因此从"港务能人"一跃成为前途无量的"港务红人"。

1998 年，厦门港务控股集团筹建完成，并开始在集团内部全面展开兼并重组、以优扶劣的改革动作。 在这个过程中，港务集团领导层决定，由业绩优秀的外代租箱兼并长期亏损的厦门港机厂。然而，由于厦门港机厂是与外代平级的港务集团一级子公司，因此很多老员工对于它被外代租箱兼并十分不满。而且，在他们看来，厦门港机厂有土地和维修厂，相较而言外代租箱就像是一家皮包公司，除了二三十名员工和一些在外出租的设备及车辆外并没有太多资产。因此，整个兼并重组过程困难重重，历时长达半年之久。在完成重组后，李强决定打破"铁饭碗"，全面推进市场化改革，老员工因此激烈反弹，向上级告状，向李强发出人身威胁警告，甚至冲击办公室，集体静坐示威。在这个过程中，李强的工作遇到前所未有的阻力，他也在那段时间深刻地感受到国有企业的深层弊病。

为了转变厦门港机厂缺乏技术积累的市场劣势，李强带领团队四处寻求业务突破。在这个过程中，他接触到了数控机床技术，而且十分看好这项技术的未来。于是，他迅速赶往拥有这项技术的洛阳工学院洽谈技术转让合作，经过努力，对方也愿意以合理价格转让技术。为了获得领导层的支持，李强说服外代总经理吴来传也到洛阳工学院考察，并当即签订合作意向书。然而，由于厦门港机厂属于港务集团一级子公司，而且数控机床项目投资金额达到数百万元，最终决策需要由港务集团党政联席会做出。于是，李强耐心地一个个做说服工作，不厌其烦地阐述数控机床拥有的广阔发展前景，然而党政联席会最终审议不予通过，理由是这个项目与港口业务不相关，并且投资金额较大，未来风险不可控制。数控机床项目提案被否决，是李强在港务集团工作期间第一次遇到重大挫折，这让他开始萌生出自主创业的想法。

　　与此同时，外代租箱的发展也受限于国有企业机制。 当时，全国外代系统划地而治，彼此井水不犯河水，外代租箱的服务再好也只能经营福建省内业务。 那时候，很多其他省份的航运公司来外代租箱寻求业务合作，而且国际集装箱租赁企业也愿意在有外代租箱参与的前提下，将集装箱租赁给这些航运公司，但外代租箱却不得不将这些业务全部拒之门外。 在这个过程中，李强切身体会到在国有企业环境下经营企业无处不感到束手束脚，虽然当时他已经是外代副总经理，同时兼任外代租箱总经理和厦门港务集团机电工程有限公司总经理，前程似锦，但自主创业的想法始终在心中萦绕。

　　2000 年前后，全国范围内掀起一股国退民进浪潮，李强敏感地察觉到改制创业的机会来了。 在厦门市政府配套文件出台前，他就已经带领外代租箱做了大量的准备工作，并争取到外代领导层的全面支持。 2010 年 10 月，在厦门市经济贸易委员会发布《关于国企改制的几点意见》后，外代租箱第一时间提交改制方案，并且放弃代价较低的清算法而选择代价高但速度快的延续经营法提交改制申请，因此能够在最短的时间内获得通过，顺利成为厦门第一家改制成功的国有中小企业，而且还赶上难得的管理层收购窗口期，以李强为首的管理层从兴业银行股份有限公司贷款 480 万元买下公司控股权。

　　在外代租箱改制过程中，港务集团领导层纷纷来劝，他们都不太理解李强"自毁前程"的选择，在发现完全劝不动他后，就建议李强办理停薪留职，万一创业失败也有退路，但李强不仅没有丝毫动摇，而且还毅然选择买断工龄，不给自己留下任何后路。 在李强看来，创业过程中必然会遇到各种困难，困难时期也是人意志最为薄弱的时候，如果给自己留了后路就很容易动摇，既然选择创业就必须破釜沉舟，遇到困难也要咬牙挺住。"当时的想法其实很简单，就是希望自己能够有一个更加自主的发展空间，将精力真正放在做事上，通过创造市场价值赢得企业持续发展。"李强说，"而且，其实自己内心深处一直都有创业报国的家国情怀，因此选择自主创业也很自然。"2001 年 7 月 15 日，厦门弘信创业股份有限公司正式创立。

图 4-2　2001 年，弘信创业创立大会暨第一次股东大会

迷茫创业

弘信创业工场创立初期，主要依靠延续经营外代租箱时期
的业务生存。然而，租箱和租赁两大主营业务在不久后都遭
遇发展挑战。首先，外代租箱改制完成后，外代重新组建团
队经营租箱业务，外代不仅实力更强而且也更加名正言顺，对
弘信创业工场的租箱业务必然产生较大冲击。其次，由于完
全脱离外代，因此不可能再像从前那样轻易获得低成本资金，
进而导致租赁业务也处于全面收缩状态。此外，在改制过程
中，弘信创业工场还欠下外代 2000 多万元债务，必须每月分
期归还，因此面临着较大的偿债压力。更糟糕的是，外代租
箱曾经最赚钱的新箱报关业务，弘信创业工场也由于市场竞争
而无法实现延续经营。

当时，厦门太平货柜制造有限公司是一家位于厦门市集美
区的集装箱保税工厂，生产的集装箱全部用于出口。在这个
过程中，如果空箱出口则需要支付运费，但如果能够装满货再
出口，不仅不用支付运费而且还能够有租箱收入。然而，厦
门海关对此提出异议，认为集装箱出口如果不是批量出关将无
法实现有效管理。恰好外代在这个环节可以发挥重要作用，
因为在外代系统中就有所有集装箱的进出港记录，只要将集装
箱进出港清单打出来，并盖上外代租箱的印章交付海关，海关
就能够放行。外代租箱借此机会切入新箱报关业务，对厦门
太平货柜制造有限公司的每个集装箱收取 15 美元费用，而且

整个经营过程几乎没有成本，因此利润非常高。外代租箱在体制内经营这项业务时，没有任何人对此提出过异议，然而当弘信创业工场在体制外继续经营这项业务时，其他代理公司纷纷开始要求介入经营，很快由于彼此相互杀价导致这项高利润业务彻底失去经营价值，进而对弘信创业工场的经营效益产生巨大冲击。

虽然租箱业务依然保持平稳发展，租赁业务也处于盈利状态，但李强心里很清楚，如果仅仅依靠这两项主营业务，弘信创业工场一定没有未来。然而，经营团队当时却又完全没有其他经营思路。在拖车、船代等多个业务领域的经营探索也都没有打开局面。于是，弘信创业工场只能凭借着对港口业务比较熟悉的优势开始经营国际货代业务，但由于货代业务几乎没有门槛，因此面临极为激烈的市场竞争局面。"虽然这项业务不可能有大的发展空间，但也只能先经营着走一步看一步。"李强说，"外代租箱改制后之所以将公司定名为厦门弘信创业股份有限公司，就是因为并没有完全想清楚主营业务，但有一点是确定的，那就是大家要开始一起走一条艰辛的创业之路。"刚刚改制创业不久的弘信创业工场，虽然依靠延续经营租箱和租赁业务能够实现盈利，但却完全处于没有长远发展战略的迷茫探索阶段。

危机来袭

2003年初，厦门东渡港区对面建起一座高层写字楼——银龙大厦。 由于港口区域写字楼较少，因此显得十分稀缺。 这对当时以集装箱租赁代理和港口物流为主业的弘信创业工场颇具吸引力，凭借着创业初期积累的资本，弘信创业工场买下银龙大厦两层写字楼作为公司总部办公场所，并且举办了隆重的新春乔迁酒会。 然而，在一片祥和喜庆的氛围之下，一场空前危机却悄然而至。

虽然弘信创业工场创立当年就进入港口物流领域拓展业务，而且砸下重金购买了 20 辆全球知名的斯堪尼亚(SCA-NIA)拖车，组成规模较大的拖车车队，但却由于缺乏业务支撑而持续亏损。 李强很快意识到，弘信创业工场现有经营团队对于港口物流领域并不专业，因此在经营上始终打不开局面。 2002 年，李强邀请他在外代工作期间的上司唐德明掌管物流事业部。 在唐德明担任外代箱管部经理期间，李强是副经理，随后唐德明被外派到中国远洋海运集团有限公司工作，在德国、英国工作多年，拥有较为宽广的国际视野，回国后李强立即邀请他执掌物流事业部，并给予充分授权。

由于港口物流业务一直无法打开局面，唐德明决定进军航空包板业务，开辟上海直飞法兰克福(Frankfurt)的国际货运航线。 所谓航空包板，指的是货运代理商以相对优惠的价格包下航空公司一定数量的货运舱位。 其中，一级货运代理商不仅需要向航空公司缴纳一笔不菲的保证金，而且加入国际航协(International Air Transport Association，IATA)结算系统还需要另外再缴纳一笔保证金，因此需要具备较强的经营实力。 在经营过程中，一级货运代理商除了可以直接服务于具有货运需求的企业外，还可以通过分发将舱位卖给二级货运代理商，从而扩大货运订单来源，弘信创业工场正是以二级货运代理商的角色介入航空包板业务。

由于从未经营过航空包板业务，李强显得十分谨慎，但唐德明却雄心勃勃，并且非常看好航空包板业务，因此李强也不好打消他的经营热情，不过指出可以先尝试包一块板（航空货代计量单位）探索业务模式，但唐德明却一次性包下四块板，每年仅租金就要 1 亿元，完全超出弘信创业工场当时的经营能力。当时，由于弘信创业工场的管理体系不健全，缺乏规范化的决策程序，因此没有能够对项目可行性和经营风险做出系统评估，完全属于出于对唐德明的信任而做出的拍脑袋决策。当然，如果市场经营一切正常，也不会对弘信创业工场的整体经营产生多大影响。然而，一场规模空前的 SARS 危机于 2003 年在中国爆发，并且很快席卷周边地区，进而引起全球性恐慌。欧盟（European Union，EU）因此针对中国众多产品启动全面禁运政策，从而导致弘信创业工场经营的航空包板业务完全断了货源。上游需要付款给航空公司，下游却几乎没有任何生意，短短几个月时间内亏损近千万元，原本现金流就不宽裕的弘信创业工场一度濒临破产边缘。"客户催要账款，股东纷纷退股，要不到钱的甚至破口大骂，大家神经都高度紧张。"时任弘信创业工场财务中心总经理孔志宾说，"当然，压力最大的肯定还是李强，除了不停地有电话催款，还不断有人跑到他的办公室大闹。"

面对突如其来的危机，首要的就是迅速止损。于是，李强联合几个包板商一起去与中国南方航空股份有限公司（以下简称"南方航空"）商议，南方航空考虑到如果包板商破产，最后回款也受影响，因此将一周飞四趟调整为一周飞两趟，其中有段时间还调整为一周飞一趟。此外，在货品禁运一段时间后，有些常规货品终究需要空运到欧洲，因此对航空货运的需求依然存在，随着 SARS 疫情逐步缓解，弘信创业工场趁机转让出两块板。 通过这些应急举措，弘信创业工场大幅降低了需要支付给航空公司的包板费用。

然而，好事不出门，坏事传千里。 弘信创业工场遭遇航空包板危机的消息很快在厦门银行圈传开，银行开始纷纷上门调查。 由于过去弘信创业工场一直保持良好的信用记录，加之在调查过程中并没有发现企业马上就要破产的迹象，同时考虑到如果抽贷导致弘信创业工场破产，很多款项就将打水漂，因此银行也希望弘信创业工场能够走出困局。 最终经过沟通协商，银行同意继续支持弘信创业工场，但有一个前提条件，就是要求李强签下无限连带责任条款。 由于完全没有别的选择，李强也只能硬着头皮签下条款，以自己的全部身家为拥有超过 400 名股东的弘信创业工场兜底，从而保住银行继续提供授信支持的经营局面。

除了遭遇外部危机，内部股东也开始闹事。 外代租箱以 50 万元注册资本起步，改制创业时净资产评估为 1800 万元，股东权益已经增长了数十倍。 对于很多股东来说，如果此时能够顺利退股，不仅在危机中实现全身而退，而且能够赚取较大收益。 因此，当了解到公司经营状况很差，又突发巨大危机，同时缺乏明确的业务发展思路，感觉完全看不到未来时，股东们纷纷开始闹着要求退股。 对此，李强没有别的办法，只能选择将自己的房子卖掉，以 2000 万元左右的净资产评估价格，花费数百万元买下了 200 多名要求退股股东的股份。

对于贸然进军航空包板业务导致弘信创业工场遭遇破产危机，李强认为与其责备唐德明操盘失误，不如怪自己太急于求

成，才会决意去经营超出自身经营实力的业务，而且当时由于
其他业务无法打开局面，因此也有"赌一把"的想法在里面。
在这个过程中，弘信创业工场付出惨痛代价，合计亏损 2000
多万元，也从中吸取到刻骨铭心的教训：企业经营不能贪快求
大，贪功冒进，项目推进要按照自然规律办事。 此后弘信创
业工场逐渐建立起风险管控机制，尤其是在战略、用人和管理
上，从而为未来的稳健经营奠定坚实基础。 与此同时，李强
也承担起领导者应当担当的责任，不仅与银行签下无限连带责
任条款，而且对于因为不看好公司未来发展而要求退股的股
东，也筹集资金以合理价格将其股份全部买下。"在整个危机
过程中，我从未动过通过将公司关掉进而逃避责任的念头，因
为现在会关第一家以后就会关第二家，慢慢地自己就会在社会
上完全失去信誉。"李强说。 2003 年，他第一次深刻地感受
到了创业之路的艰辛与不易，并在此后的经营过程中更加谨慎
务实。 而最让李强感到骄傲和欣慰的是，即使在最困难的时
期，弘信创业工场也没有一笔银行贷款出现逾期，没有一笔供
应商货款出现拖欠，员工工资更是每月准时发放。 李强及其
创立的弘信创业工场，不仅没有在航空包板危机的侵袭中倒
下，而且还在商界和员工心中树立起坚如磐石的企业信誉和社
会责任感。

攻守之道

经过多方腾挪，弘信创业工场终于逐步稳住阵脚。 然

而，正在大家都想着能够长吁一口气的时候，李强却再出惊人
之举，在最困难的 2003 年决定与王毅和李毅峰共同投资创立
弘信电子，这个决定几乎遭到所有人的反对。 这也不难理
解：首先，公司处于最为艰难的时期，资金非常紧张；其次，
航空包板业务大溃败导致所有人对于与港口无关的业务投资都
十分谨慎，因为行业跨度太大，李强也完全不在行；再次，最
初大家跟随李强创业，完全是冲着他在外代时期极高的个人声
望，认为他本事大能力强创业必定成功，但改制创业以来，弘
信创业工场从未打开过局面，完全依靠延续经营过往业务生
存，因此在经历破产危机之后，很多人对他的信心已经完全动
摇。 所有这些都让大家对当时公司局面的态度变为以求稳为
主，因此都极力反对让已经元气大伤的弘信创业工场再次伤筋
动骨瞎折腾。

然而，李强的理由也很充分。 在他看来，弘信创业工场
遭遇多方围攻之后，城门已经几近被攻破，虽然看似局面逐渐
稳定，但完全看不到未来。 与其坚守死局，不如再次出击打
破僵局，在发展中解决问题。 当时，弘信创业工场相关业务
都处于维持状态，如果不去开创全新事业将很难走出困局。
当然，最重要的还是因为他非常看好柔性印制电路板制造行业
的未来。 2003 年前后，厦门是全国知名的手机制造城，夏新
电子、联想集团和韩国唯开（Vokey）株式会社的生产制造基地
全部都在厦门。 在李强看来，作为重要的配套元器件，柔性
印制电路板必定拥有广阔的市场前景。 与此同时，王毅和李
毅峰拥有资深的行业从业经验，以及富有闯劲的创业精神，但
在战略思维、公司治理、资本运作、政府关系、品牌经营等方
面能力较弱，而这些恰好又是李强所擅长的，核心团队成员彼

此具有很强的互补性。 此外，最重要的是项目投资金额不大，弘信创业工场通过业务取舍依然有能力投资。"当时，弘信创业工场虽然遇到很多问题，但整体架势依然还在。"李强说，"我们必须要在发展中解决问题，守着摊子肯定无法破局。"在李强一意孤行坚持要投资创立弘信电子后，又有一批股东要求退股，他也只能全盘接下。

弘信电子创立后，作为一项极具潜力的全新业务，李强也全身心投入其中。 2004年，弘信创业工场兑现承诺，出面提供担保，让弘信电子顺利从兴业银行股份有限公司贷款500万元，进而在当年顺利实现批量投产。 由于创立时机恰逢其时，弘信电子在投产当年就盈利200万元，2005年盈利更是近2000万元，从此迈入高速发展阶段。 事实证明，投资创立弘信电子成为弘信创业工场创立以来收获的第一次重大胜利，它也带动弘信创业工场逐步走出困局，实现李强提出的在发展中解决问题的经营目标。 然而，在弘信电子取得阶段性成功后，李强却面临一个战略选择：第一，举弘信创业工场之力全身心投入到弘信电子的大发展中去，将弘信电子快速打造成为行业领军企业；第二，继续保持多元化发展格局，借助弘信电子的发展逐渐带动物流业务与租赁业务的发展，并最终形成"三驾马车"的多元化产业格局。

当时，弘信创业工场旗下物流业务与租赁业务的经营团队看到李强几乎完全扑到弘信电子的大发展中去，也担心物流业务与租赁业务逐渐边缘化。 经过多方考虑，李强最终选择了多元化经营，除了因为租赁业务和物流业务是他一手带着大家做起来，因此多少带有个人感情，而且保留这两块业务就能够继续为经营团队提供事业发展平台外，更根本的原因在于，在经历了破产危机之后，李强认为民营企业必须形成良好的产业结构布局，从而在不同的经济周期实现风险对冲和协同共进，进而在长远发展过程中更加稳健。 事实证明李强的选择是正确的。 弘信电子虽然创立后一路高歌，但在 2007 年也骤然陷入转型升级的管理困境，导致业绩增长完全停滞，而弘信物流与弘信租赁则在那一年保持了较好的发展态势，进而让弘信创业工场整体保持稳健发展。 与此同时，也正是在选择多元化发展的过程中，创业工场的想法才逐渐开始在李强的脑海中浮现出来。

2003 年，李强真正感受到了凤凰涅槃般的精神熔炼。 十年国企经历，他一路做什么成什么，鲜花与掌声不断，从未遇到过重大挫折。 然而，带着"国企能人"的巨大光环改制创业后却始终打不开局面，李强甚至一度陷入战略迷茫，心怀"赌一把"的想法，却导致企业遭遇破产危机。 在这个过程中，客户逼债，股东退股，银行要求抵押个人资产，员工人心散乱，很多人不仅不再对他言听计从，甚至还恶语相向……李强深切地感受到了创业之路的艰辛困难。 然而，国有企业与民营企业冰火两重天的个人经历，并没有使李强选择退缩，反而让他对民营企业多了一份理解和欣赏，尤其是对于那些极具创新精神的民营企业，他更是打心底里赞赏。 因为在他看来，它们才是创造市场价值、推动社会进步的中坚力量。

云创业
CLOUD VENTURE

中国第一家
创业工场

Chapter
05

　　在过去十年的发展历程中，与其说
弘信创业工场是一家经营具体业务的企
业，不如说它是一家始终以创业为使命
的公司，其具体经营的相关业务不过是
创业使命的具体支点而已。在这个过
程中，李强带领弘信创业工场完成了从
激发团队创业激情到提炼团队创业方
法，再到建构团队创业机制的持续跃
迁。然而，中国第一家创业工场的远
大理想，自此才刚刚起步。

　　从厦门弘信创业股份有限公司到厦
门弘信创业投资股份有限公司再到弘信
创业工场投资股份有限公司，在持续不
断的创业行动过程中，弘信创业工场深
层次的企业内涵开始不断涌现并日渐清
晰。从仅仅拥有创业激情到慢慢掌握
创业方法再到逐渐形成创业机制，弘信
创业工场最真实的创业初心渐渐在业务
演进和组织变革过程中落地生根。
2010 年，随着中国第一家创业工场正
式成立，李强的创业之路也就此从无所

适从逐渐转向豁然开朗。

创业即事业

　　如果说最初李强是因为没有想清楚未来具体要做什么才将公司定名为——厦门弘信创业股份有限公司，那么在冥冥之中似乎又注定了他必定将创业当作自己一生的事业。 而且在潜意识中，李强似乎感兴趣的就是创业本身，对于具体要做什么他并不十分在意。"在改制之初，除了可以延续经营外代租箱的业务之外，弘信创业工场并无其他显著优势。"李强说，"如果一定要说拥有的优势，那我觉得是整个团队的创业激情，因此我最大任务就是让团队持续保持创业激情。"于是，弘信创业工场从改制之初就呈现出百花齐放的经营特征，团队成员只要有想法有思路有执行力都可以去找李强沟通，如果李强认为可行，就会想尽一切办法为大家提供自主经营的机会。 也因此，弘信创业工场创立后很快进入诸多业务领域，虽然显得有些杂乱，而且其中不乏因为经营不善而陷入困境的业务，但李强对此却并不在乎。 因为在他看来，创业公司经营过程中最值得珍视的就是团队成员的创业激情。

　　毋庸置疑，弘信电子的快速成长在李强的创业生涯中扮演着重要角色，它不仅让处于危机之中的弘信创业工场逐渐走出困局，更重要的是它改变了李强关于创业的很多固有观念。当时，王毅和李毅峰并非第一次合伙创业，在此之前他们就已经有过一次并不成功的合伙创业经历，为何与李强合伙之后就能够获得快速发展呢？ 虽说柔性印制电路板市场逐渐走向成熟是一个重要原因，但似乎也不是最为关键的原因，因为在弘信电子创立之初，仅在厦门就已经有十多家同类工厂，但真正走出厦门走向全国走到最后的只有弘信电子。

于是，李强开始仔细思考弘信创业工场在弘信电子快速发展过程中扮演过的重要角色。 首先是战略，在弘信电子发展过程中的每一个重要战略节点，李强都扮演了决定性的关键角色；其次是金融，无论是启动资金、贷款担保，还是融资租赁，以及上市筹划，都由弘信创业工场全盘操持；再次是政府关系，任何一个企业尤其是工业企业的发展都离不开政府的支持，弘信创业工场全权负责维护弘信电子的政府关系；最后是品牌和市场，在弘信电子发展过程中，弘信创业工场的背书发挥了重要作用，尤其是在与夏新电子、联想集团、天马集团等核心大客户的合作过程中，李强的格局和视野大大增强了企业对话能力，进而赢得战略合作机会；此外，在财税、管理、法务等方面，弘信创业工场也几乎全程提供支持。 那么，创业团队具体发挥了什么作用呢？ 第一，显然是他们发现了巨大的市场机会，并以极大的创业激情全身心投入其中；第二，在具体经营过程中，他们的行业沉淀和专业素养起到重要作用，尤其是在行业发展趋势和技术演进路径的判断上拥有丰富经验，并且在初始阶段的市场拓展中发挥决定性作用；第三，也是最重要的是，细碎繁杂的企业日常经营管理全部由他们负责，需要具备较强的行业专业管理能力。

紧接着，李强开始思索：弘信电子经营团队与弘信创业工场其他业务领域的经营团队相比，具体存在哪些差异呢？ 首先，显然王毅和李毅峰在行业垂直领域的沉淀更深，团队专业能力更强，而弘信创业工场的很多业务团队更多是凭借创业激情在经营业务；其次，王毅和李毅峰都在弘信电子大比例持股，都是公司的核心大股东，而弘信创业工场其他业务领域的经营团队仅在弘信创业工场层面持股，而且持股比例都比较低；再次，王毅和李毅峰是非常好的创业搭档，在能力上有很强的互补性，关系上有极深的信任感，李强加入后进一步强化了相互之间的互补性和信任感，而弘信创业工场其他业务团队更多是由"头狼"领衔，没有形成团队创业特征。

2004年，弘信创业工场已经先后进入租箱、货代、船代、物流、电子、远洋海运、机电设备租赁等七大业务领域，但真正具备规模化发展潜质的业务却寥寥无几。于是，李强开始反思，仅仅凭借激情创业或许很难取得巨大成功，创业不仅需要有火焰般的激情，更需要有方法，甚至需要有机制。要想让旗下的业务板块都能够获得长远发展，弘信创业工场绝不能仅仅凭借激发团队创业激情，更需要提炼团队创业方法，甚至是构建团队创业机制。在这个过程中，李强思考问题的出发点始终是如何让旗下业务板块的经营团队能够在弘信创业工场平台上创业成功，而非弘信创业工场自己如何将旗下业务板块经营成功。2004年，弘信创业工场内刊《创业者》的创刊和"企业家培训塑造工程"的启动，都是这种思维方式的典型体现。正是这点差异，让弘信创业投资在后来逐渐演变成为创业工场，而非多元化经营的控股公司，它支持富有激情和能力的创业团队成功创业，也由此慢慢演变为弘信创业工场真正的事业。

三驾马车

当然，仅仅凭借弘信电子一家企业的成功，并无法让李强彻底改变自己过往的经营方式，毕竟在商业世界中很多事件的发生具有偶然性。 2007 年 1 月 1 日，弘信物流与宏象物流完成合并重组，全新成立的弘信物流由以李震、颜建宏、何波为核心的全新经营团队负责经营。 由于是通过股权置换模式完成的合并重组，因此必然会出现经营团队成员的股权是上浮在弘信创业工场层面，还是下沉到弘信物流层面的抉择。 在这个过程中，经营团队更愿意将股权下沉到弘信物流层面，因此在无意间也形成了经营团队大比例持股的股权结构。 与此同时，由于经营团队全都是在物流行业拥有深厚沉淀的行业专业人士，因此弘信物流也形成了具备行业垂直特性的经营团队，而且大比例持有公司股份，同时属于团队创业并且相互之间具有较强互补性的典型特征，和弘信电子的创业团队有异曲同工之妙。 于是，在弘信物流接下来的发展过程中，李强开始有意识地推动弘信创业工场同样扮演创业支持平台的角色，完全以支持弘信电子发展的方式去支持弘信物流的发展，很快收到显著成效。

在看到弘信电子和弘信物流以全新创业模式获得快速发展后，杨真真和王丽萍也开始动心，决意自主经营最早由她们参与经营多年发展起来的弘信租赁。 2006 年，在和李强充分沟通后，她们也通过股权置换模式将自己持有的弘信创业工场的股份置换到弘信租赁。 由此，弘信租赁的经营团队成员同样具备行业垂直特性，而且大比例持有公司股份，同时属于团队创业，并且相互之间具有较强的互补性。 在弘信创业工场同样以支持弘信电子及弘信物流的方式去支持弘信租赁的发展后，也迅速收到显著成效。 一而再，再而三，李强因此真正开始潜心研究这种独特的内部创业模式所具有的奇特妙处。

由于弘信创业工场自创立之初就是一家拥有超过 400 名股东的半公众公司，只要公司有发展，大家都能够有分红，因此李强过去一直认为弘信创业工场在股权激励层面没有问题。事实上，对于那些并没有参与具体业务经营的小股东而言，也确实没有太大问题。 然而，对于那些真正参与具体业务经营的职业经理人而言，由于持股比例非常低，而且分红并不完全取决于他们所负责业务板块的经营状况，因此存在很大的错位激励问题。 当自己所负责业务板块的经营状况无法决定自己的最终收益时，看上去大家都持有股份，但最终却很容易演变成"大锅饭"。 因此，经营团队都更加愿意将自己所持弘信创业工场的股权置换到由他们具体负责经营的业务板块。 毕竟，每个人都希望能够将命运掌握在自己手中。

弘信电子、弘信物流和弘信租赁的快速成长让李强意识到，如果将旗下业务板块经营团队定义为创业团队，那就必须要有聚焦于具体业务板块的股权激励模式，而且必须让创业团队大比例持股。 当然，为了让经营团队具有更强的创业精神，弘信创业工场也要求经营团队要么通过股权置换，要么以投入真金白银的方式持股，进而实现利益捆绑，一起全身心投入到全新的创业事业中去。 通常而言，一个典型的创业团队具有三大特征：第一是富有创业精神并且具备创业能力，第二是大比例持有公司股权，第三是拥有公司自主经营权。 三位一体，缺一不可。 在过去，弘信创业工场旗下业务板块经营团队的确拥有较强的自主经营权，也具备一定的创业精神，但由于缺乏在具体业务板块大比例持股的典型特征，以及欠缺行业垂直沉淀，导致其创业能力不够强悍，因此没有真正成长为出类拔萃的创业团队。 在意识到这些问题后，李强推动弘信创业工场在 2006 年完成弘信物流和弘信租赁的股权改革和创业团队重塑，两大业务板块在全新机制驱动下重新焕发生机，并实现快速成长。 2008 年前后，弘信租赁和弘信物流陆续发展成为弘信创业工场旗下与弘信电子并驾齐驱的"三驾马车"之一。

平台再造

伴随着"三驾马车"的快速发展，弘信创业工场逐渐总结出内部创业成功之道：第一，创业团队富有创业精神，并且具有深厚的行业垂直沉淀，进而具备创业能力；第二，创业团队大比例持股，并且充分拥有自主经营权，进而完全富有主人翁精神；第三，创业团队具有团队创业特征，彼此之间在个人特质和个人能力上具有较强的互补性，而非个人英雄主义式的单打独斗；第四，在此基础上，背靠创业支持平台弘信创业工场，在战略、资本、政府关系、财税、法务、品牌、人力资源等共性资源要素层面获得巨大支持，将创业团队的时间和精力完全解放出来，全部投入到具体产品和业务发展中去。 由此，慢慢形成弘信创业工场负责经营共性创业资源要素，以及创业团队负责开创垂直业务领域的"平台＋团队"有组织分工的全新创业模式。 需要注意的是，有组织分工创业并不意味着创业必然成功，而只是意味着创业更容易成功。

2007 年 4 月，厦门弘信创业股份有限公司正式更名为厦门弘信创业投资股份有限公司。 弘信创业工场通过更名将自己从具体业务板块经营中完全抽身出来，但显然并不意味着弘信创业工场就是一家创业投资公司，因为它旗下本身就拥有控股经营的三大业务板块，而且弘信创业工场为旗下业务板块提供的绝不仅仅是资金支持，而是包括战略、资本、政府关系、财税、法务、品牌、人力资源等在内的全套创业资源要素支持。 因此，弘信创业工场的全新定位并非创业投资，而是公共创业资源要素整合支持平台。 为了从集团管控平台全面转型为公共创业资源要素整合支持平台，弘信创业工场初步完成组织结构重塑，搭建出财务中心、法务中心、人力资源中心、战略投资中心、风险控制中心等公共资源要素整合支持功能，全力通过整合创业资源要素为旗下创业公司精准地提供创业支持，并开始逐步向创业公司孵化平台演进。 在这个过程中，弘信创业工场也逐渐形成自己的行业垂直特性，即向公共创业资源要素整合支持平台垂直纵深发展。

随着"平台＋团队"有组织分工创业模式的有效性得到初步验证，弘信创业工场在 2009 年启动第二轮股权改革。 除了将旗下其他业务板块也推行全新的内部创业模式外，更重要的是将由弘信创业工场主导经营的公共创业资源要素整合支持平台也定义为一个垂直行业。 因此，在平台层面的经营管理层只能在弘信创业工场持股，而不能在具体业务板块持股。 与此同时，弘信创业工场推动旗下各业务板块创业团队在平台层面，即在弘信创业工场投资持有微小比例股权，除了让大家都能够享受平台整体收益外，更重要是相互之间通过股权纽带在心理层面建立连接，进而逐步塑造出弘信创业工场的整体感，共同形成一支在艰辛创业道路上出海远征的远洋舰队，各自独行又相互成伍。

创业工场

如果将行业垂直领域的产品、技术、业务等视为个性资源要素，那么在企业经营层面的战略、资本、财税、法务、政府关系、品牌、人力资源等则完全可以视为任何一家企业都需要耗费大量精力去经营的共性资源要素。作为一家规模化企业，无论是共性资源要素还是个性资源要素，都有能力实现自主经营，但对于创业公司而言，它们通常只在个性资源要素方面拥有独到之处，因而才会选择出来创业，但在共性资源要素经营层面，无论是精力还是能力都很难实现有效覆盖，为此常常疲于奔命。很多时候，甚至会因为共性资源要素经营不善而导致创业失败。在李强看来，所谓成功创业其实就是创业要素的有效经营，由于创业者本身具有个性资源要素优势，如果能够为他们匹配优质的共性资源要素，就能够大大提高创业成功概率，这就是弘信创业工场所倡导的"平台＋团队"有组织分工创业的核心思想。因此，如果弘信创业工场聚焦于经营共性资源要素，就能够通过垂直深耕形成规模效应，进而持续强化平台对创业团队的支撑能力。

事实上，在弘信电子获得高速成长后，李强早在 2005 年就提出要将企业当成产品来经营的观点，只不过在当时由于缺乏更多成功案例而未能提炼出具体方法。 随着弘信物流、弘信租赁等更多成功案例涌现出来，李强逐渐提炼出弘信创业工场专业经营共性资源要素，旗下业务板块创业团队专业经营个性资源要素，进而实现"平台＋团队"有组织分工创业的全新模式，让企业内部创业更加容易成功的方法论也随之成型。随后，弘信创业工场于 2009 年进一步更加明晰地将自己定位为公共创业资源要素整合支持平台，并且精确地将其重新定义为行业垂直领域，集团经营团队仅能够在弘信创业工场持股，而各业务板块创业团队则除了在具体业务板块大比例持股外，在弘信创业工场也必须投资持有微小比例股份。 自此，通过清晰明确的顶层设计，弘信创业工场随之构建起内部创业经营机制，实现了从方法论到经营机制的整体跃迁。 由于厦门弘信创业投资股份有限公司已经完全无法充分体现企业真正的经营内涵，弘信创业工场于 2010 年到厦门市工商局申请将公司更名为——厦门弘信创业工场投资股份有限公司。

当弘信创业工场到工商局要求更名时却遇到了问题，当时中国的创新创业并没有像如今这般火热，更没有企业将批量孵化创业公司当成主营业务。 弘信创业工场为此专门提交申请报告详细阐述创业工场的经营模式，厦门市工商局专程到弘信创业工场详细调研后，也认为弘信创业工场确实是以孵化创业公司为主营业务，并且已经有诸多成功案例，于是提请市政府审批。 在获得厦门市政府认可，并经由厦门市发改委报请国家发改委同意后，2010 年 9 月，厦门弘信创业工场投资股份有限公司终于顺利完成登记注册，它也成为中国第一家经过官

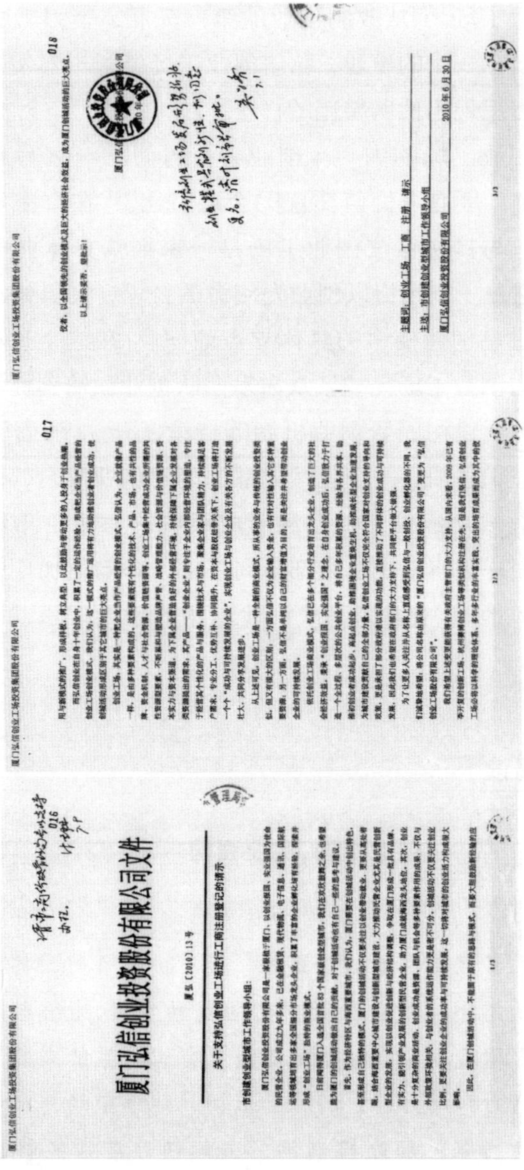

图5-1 经由厦门市发改委报请国家发改委同意，中国第一家经过官方认可的创业工场正式成立

方认可的创业工场。 从改制创业的第一天起，李强就立志要将创业当作自己一生的事业，弘信创业工场经过十年发展，也终于开始慢慢呈现出他所希望的样子。

在弘信创业工场的内刊《创业者》封面上一直写着一句话：创业是梦，是追求价值实现的全心付出。 在过去十年的发展历程中，与其说弘信创业工场是一家经营具体业务的企业，不如说它是一家始终以创业为使命的公司，其具体经营的相关业务不过是创业使命的具体支点而已。 在这个过程中，李强带领弘信创业工场完成了从激发团队创业激情到提炼团队创业方法，再到建构团队创业机制的持续跃迁。 随着弘信创业工场完成登记注册，一个已然成型的内部创业平台，由于有着丰富的创业成功经验，并已经形成系统的方法论和经营机制，因此逐渐开始将眼光从内部转向外部，奔向更加广阔的创新创业发展天地。 中国第一家创业工场的远大理想，自此才刚刚起步。

延伸阅读

创业报国，实业强国！

李强 口述

中国的民营经济在最缺乏资源、最不被人看好，甚至受到歧视的生存状态下，却获得了空前的蓬勃发展。 给点阳光就灿烂，给点土壤就发芽，中小民营企业有着与生俱来的强烈的创新欲望、活力和动力：它们源于市场、贴近市场，市场反应敏捷、创新动力强，加之机制活、决策快，常常能够抓住机会，取得创新成果；它们就像生命力顽强的野草一般，深深地扎根于中国大地之上，只要一阵春风吹过，就旺盛地生长起来。改革开放以来，正是民营经济的快速发展带来了市场经济的繁荣，理顺了经济发展中的产权关系，释放了民间的经济活力。从某种意义上来说，是民营经济的强力崛起带动了中国社会的转型。

21世纪是中国人的世纪，茁壮成长的中国民营企业将是中国奇迹延续下去的坚强基石。然而，在现有的体制环境下，稀缺资源总是被国有企业和大型企业控制，中小民营企业在市场上完全属于弱势群体。因此，只有通过联合才能做强做大，以规模谋取资源才能获得比较优势。弘信创业工场一直在思考一个问题：如何通过联合中小民营企业，改变各自的生存发展环境，以联合舰队方式获得更大的市场资源索取权，在更大的空间内整合资源，实现资源的高效流动，并且相互碰撞、相互激发，创造更多的能量，诞生新的技术、新的管理思想、新的商业模式，帮助联盟企业更快成功，并不断带来更多的资源与能量，进而让民营经济实现可持续繁荣。为此，在弘信创业工场创立十周年时，我为公司设定了更高层次的价值目标：打造中国最佳创业工场，坚持不懈做大做强创业平台，聚集更多资源，矢志不渝地推动中小民营企业发展，助推民营企业高起点创业、轻松创业，在更多领域打造出有品牌、有创新、有实力的民族企业。

生于这个时代是幸运的，不仅能够见证中国从积贫积弱走向繁荣富强的伟大历程，而且能够为民族复兴贡献自己的力量。作为大国崛起的坚实力量，民营企业家们不能小富即安，而要有做强做大的雄心壮志。大家都说我过于理想主义，每天想的不是国际宏观经济走势，就是中国政治经济政策、企业发展环境、自主创新和自主创造，让人觉得不太踏实，经常给我泼冷水。但在这背后其实是因为我在创业之初就将"创业报国，实业强国"作为企业使命，并始终坚持以进取、责任、和谐、分享为价值观，才让弘信创业工场在过去十多年能够突破种种困难，发展成今天的样子。

企业壮大意味着承担更多社会责任，这不只体现在扶弱济贫，也不只是吸纳就业、关照员工，更重要的是要强国富民，以企业的绵薄之力加快大国崛起的速度。我最欣赏的一句话是：心有多大，舞台就有多大。心太小，装的东西少，眼光浅，世界小，舞台就小；心越大，能容世界百态，看待事物的格局就越大，眼光长远，手笔也就大，可以做的事也多。对中国民营企业家来说，中国的崛起提供了一个前所未有的大舞台，经过40多年的改革开放，越来越多经过市场洗礼的民营企业脱颖而出，迅猛发展，累积了巨大的财富和市场能量。作为民营企业家，应该有更高的站位、更宽的视野和更广的胸怀，唯有如此才能在全球范围内拥有话语权，赢得举足轻重的地位，并助力国家走向繁荣富强。

弘信创业工场的发展，得益于各种社会资源的有效整合，因此我始终认为弘信不是某个人的弘信，而是全体股东和全体员工的弘信，更是全社会的弘信。我最大的心愿，就是把弘信创业工场打造成为创业者乐园：在这个乐园里，因为有各种资源的挹注，创业不再艰难坎坷；因为有一群志同道合、理念相通的创业伙伴，创业之路不再孤独难行。看着一个个年轻人快速成长，并逐渐成为独当一面的企业家时，那种幸福感和成就感是无法用语言来形容的。我经常想着，有一天和创业伙伴们退休以后，能够找个农庄，一起喝喝茶、钓钓鱼，悠闲自在地消磨大把大把的时间，然后感慨地回忆一起走过的激情燃烧的岁月。 我相信到那个时候，每个人都会深刻地体会到——这辈子能在一起创业，值！

中华民族正处于伟大复兴的关键时期，在这样一个伟大的时代，每一个中华儿女都必须具备与时代同频共振的进取心，勇挑重担，敢于拼搏。 作为民营企业家，则应责无旁贷地将创业报国、实业兴国作为使命，开创尖端前沿科技，锻造强大民族工业，最大限度地贡献自己的力量，这才是企业家精神真正的题中之意。

（本文由作者根据李强先生的多次公开分享整理而成。）

云创业
CLOUD VENTURE

移动智能终端制造
全产业链整合突围

Chapter
06

在大势将起之时，以龙头企业为支点撬动全产业链成长型企业，再配套企业转型升级整体解决方案，注入企业转型升级全套资源要素，并最终通过资本运作将具有出色业绩表现的成长型企业推向资本市场，完成全产业链整合闭环。 这种基于产业链，囊括战略重塑、管理变革、金融支持、大客户嫁接、资本运作等在内的成长型企业转型升级整体解决方案，不仅受到联盟企业的普遍欢迎，也让弘信创业工场在全产业链上的股权投资不但具有很强的溢价能力，也具备很高的安全边际。

随着内部创业平台的成熟和弘信创业工场的成立，在李强看来，对外开放弘信创业工场独具特色的创业平台已成必然，但如何开放还有待探索。 在这个过程中，李强在与如联想集团等弘信电子大客户的沟通过程中发现，移动智能终端制造全产业链企业在运营管理能力和设备技术水平上参差不齐，全链条协同共进更只是妄谈，因此在供应链管理过程中存在诸多痛点，但例外的是它们都对弘信电子十分认可。事实上，弘信电子就是一家从小作坊发展起来的电子元器件制造企业，也是从山寨手机厂商配套商转型升级成为品牌手机厂商配套商，并赢得众多大客户的高度评价。因此，李强很快觉察到，弘信电子背靠弘信创业工场发展起来的一整套转型升级成长路径，必然也将适用于移动智能终端制造全产业链上的其他电子元器件制造企业。

既然如此，为什么不将这套成熟经验复制到其他企业呢？

于是，李强借着弘信创业工场全面开放内部创业平台的契机，以弘信电子为支点，将其首先开放给移动智能终端制造全产业链上的其他电子元器件制造企业。这样不仅能够因为有弘信电子的支撑而更容易成功，而且能够全面验证弘信创业工场模式是否具备普遍适用性。从 2012 年至 2015 年，李强不仅以创业工场模式带领十多家企业共同打造出了中国第一条移动智能终端制造产业链，而且带领全产业链企业整合突围成功，弘信电子顺利登陆创业板，深圳深越光电技术有限公司、深圳联懋塑胶有限公司（以下简称"联懋塑胶"）、厦门弘汉光电科技有限公司等企业实现并购上市，厦门恒坤新材料科技股份有限公司等企业成功在新三板挂牌，北京新氧科技有限公司在美国纳斯达克上市，上海证大喜马拉雅网络科技有限公司更是成为音频领域当之无愧的独角兽，而弘信创业工场则在这个过程中不仅完成了对创业工场模式的普适性验证，同时获得了超过十倍的股权投资回报。

念起风起云涌时

  2012 年，随着联想手机业务的快速崛起并因此与中兴、华为、酷派共同形成"中华酷联"四大国产品牌手机巨头，背靠强势的电信运营商渠道，四巨头的发展如日中天并且延续数年。 在这个过程中，供应链管理成为四巨头共同面临的巨大挑战。 正因此，李强判定移动智能终端制造产业链市场份额将进一步集中，那些优质的供应链企业将迎来爆发式增长。然而在现实中，优质供应链企业产能有限，其他企业却由于受限于运营管理能力和技术设备水平而没有能力配套国产品牌手机厂商，这与弘信电子当年发展过程中遇到的问题如出一辙，因此弘信创业工场对解决这些问题轻车熟路。

  不难看出，优质移动智能终端制造全产业链企业具有极好的市场前景是弘信创业工场深度介入其中，并以创业工场模式完成对目标企业系统再造的重要前提，否则将很难有动力参与。 因为整个过程较为复杂，不仅投资较大，周期较长，而且需要调动大量精力并注入大量资源要素，若没有较为确定的市场前景作为支撑，弘信创业工场不仅无法高效整合资源要素，完成对目标企业的系统再造，进而无法给目标企业一个好的结果，而且自己也将白白耗费大量精力，最终的结果是各方都会竹篮打水一场空。 当然，对市场前景的判断力，主要是由弘信创业工场自己做出，其正确与否取决于以李强为首的管理层所具备的战略前瞻力。 至少在 2012 年这个时间节点，李强判定优质移动智能终端制造全产业链企业将迎来巨大发展机会，而弘信创业工场又具备以创业工场模式再造优质移动智能终端制造全产业链企业的全套能力与全部资源要素，因此没有理由不去搏一把。

用一个支点撬动一条产业链

2013 年前后，弘信电子已经成为国内规模最大的柔性印制电路板制造企业，这对于弘信创业工场整合移动智能终端制造产业链具有重大战略意义。 这是因为以行业龙头企业弘信电子为支点撬动移动智能终端制造全产业链成长型企业，正是弘信创业工场完成全产业链整合突围的显著特征。 首先，正是因为有弘信电子的行业影响力和号召力，极具发展潜力的全产业链相关企业才愿意相信和加盟弘信创业工场，进而实现自己复制弘信电子成功之路的愿望。 其次，也正是因为有弘信电子的行业垂直深度及其形成的专业能力作为支撑，弘信创业工场才能够从全产业链中精准地筛选出有培养潜质的目标企业，进而为后续系统再造的成功奠定坚实基础。 最后，也是最重要的是，在弘信创业工场完成全产业链整合并帮助相关企业练就配套国产品牌手机厂商的经营能力后，由于弘信电子拥有"中华酷联"等大客户资源，因此能够为完成系统再造的全产业链企业源源不断地导入市场订单。 自此，正是因为有了弘信电子这个重要支点，弘信创业工场也才有了带领移动智能终端制造全产业链企业整合突围的坚实底气，而充分重视行业

龙头企业对全产业链资源要素的整合力，也因此成为弘信创业
工场此后在整合运营其他产业链时的重要标志。

瞄准成长型中小企业

在整合移动智能终端制造全产业链企业的过程中，由于全
产业链上拥有众多企业，而弘信创业工场在每个环节通常只会
选择 1～3 家企业加盟，因此对于目标企业的筛选决定成败。
通常而言，那些最终进入李强"法眼"的企业大都具备以下特
征：第一，从企业规模来看，绝大多数都是中小企业，正因此
弘信创业工场的资源能力才能够实现有效覆盖，并且有能力补
足它们发展过程中所缺的资源要素；第二，从行业影响力看，
绝大多数企业在细分领域都颇具影响力，甚至具备成为苹果公
司和三星电子末端供应链的潜力；第三，从企业发展阶段看，
绝大多数企业都属于成长型中小企业，虽然颇具行业竞争力，
但在管理水平、金融资源、技术设备、大客户订单等层面都面
临较大发展瓶颈，尤其是不具备服务大客户的系统管理能力和
设备技术水平，并且凭借自身能力难以突破，但制造业又具有
典型的"马太效应"（Matthew Effect），所谓"小而美"的企业
很难可持续发展，要么做大做强，要么嵌入产业链联盟，因此
亟待破局；第四，从创始人特质看，他们都极富创业精神且具
有成为企业家的潜质，他们观念足够领先，心态足够开放，思
想足够包容，因此具有强烈的带领企业进一步做大做强的动
力，并且为此愿意以开放心态接受企业发生系统管理变革与规

模资源要素的注入，也正因为涉及系统管理变革，因此目标企业必须认同弘信创业工场的全产业链整合思路，并且在管理变革过程中给予充分配合，在这个过程可能会遇到的障碍中，创始人首当其冲。 正是因为有着清晰明确的目标企业特征，才能有力确保弘信创业工场在后续全产业链整合过程中的高效顺畅。

管理咨询探路

　　企业所有问题最终都可以归结为经营管理问题，绝大多数成长型中小企业面临的典型的经营管理问题包括：第一，领导者视野和格局受限，由此导致战略思维能力较差，在企业经营上呈现出显著的机会主义导向特征；第二，由于缺乏科学管理精神和系统管理思维，企业管理比较粗放，大多数仍然处于人治阶段；第三，在生产制造层面，由于缺乏精益生产思想意识，导致生产制造过程中浪费严重，在市场非常好的时候没有问题，一旦市场形势不好，企业经营利润就急剧下滑甚至陷入亏损境地，可持续发展面临严峻挑战。

　　针对成长型中小企业在经营管理过程中的典型问题，在与所有加盟移动智能终端制造全产业链整合的中小企业合作过程中，弘信创业工场全部都是首先派驻管理咨询团队入驻目标企业，全面系统地完成摸底盘查。 在这个过程中，帮助目标企业完成阿米巴自主经营体（Amoeba Management System）改造，进而持续激发团队创业精神。 与此同时，在生产制造层面全面导入弘信电子的精益生产制造体系，全面提升目标企业的精益生产意识与能力。 以消费类电子精密结构件制造企业联懋塑胶为例，在弘信创业工场管理咨询团队的帮助下，旗下五家工厂全部完成自主经营体改造，并为其输送了多名具备系统管理经验的高级管理人才，以及多名业内顶尖模具专家。而在领导者战略思维层面，除了与管理咨询团队密切交流互动外，李强与目标企业领导者的沟通也重点集中在战略思维层面，进而逐步提升他们的战略意识与视野格局。 还是以联懋塑胶为例，在李强的战略引导下，联懋塑胶于 2013 年彻底改变了过去多品类且主要服务于国外二三线消费类电子品牌厂商的产品结构和客户结构，全面转向集中资源聚焦于智能手机精密结构件制造，并且主要服务于国产品牌手机厂商的全新产品结构与客户结构，从而赶上国产品牌手机厂商极速发展的巨大风口。

事实上，在管理咨询团队入驻目标企业的全过程中，除了帮助目标企业完成系统管理提升外，更重要的是对它们有了真正全面而深入的理解，从而在弘信创业工场进入资源要素注入阶段前就能够清晰地知道有没有必要和有没有能力在资源要素层面解决目标企业的发展问题，包括在资源要素注入过程中可能会遇到的障碍及其解决之道。"正是因为有管理咨询探路，我们才会对目标企业真正的潜力资质，以及弘信创业工场对它的影响力和控制力有全面把握，进而才会决定是否进入包括投贷联动、大客户嫁接、资本运作等在内的全套资源要素注入阶段。 唯有如此，弘信创业工场的相关资源要素也才敢于鱼贯而入，因为全过程风险已经完全可控。"李强说。

投贷联动

在经过管理咨询探路并在管理层面对目标企业完成系统再造后，如果弘信创业工场依然确定自己有能力帮助目标企业解决发展难题，并且目标企业也明确表达出进一步深入合作的意向，那么就将共同进入全新的资源要素注入阶段，其中最为核心的就是股债并进的投贷联动支持。 在现实中，成长型中小制造业企业要想从配套中低端品牌转型升级迈入配套中高端品牌，除了必须具备系统管理能力和精益生产意识之外，还必须有实力大规模引进国际先进生产设备进而具备规模化量产能力，而正是这个需要巨额投资的门槛挡住了众多中小制造业企业转型升级的步伐，因为仅仅依靠自身经营利润完全没有可能实现大步跨越，中小制造业企业底子薄的典型特征又决定了它们很难从银行等传统金融机构获得贷款支持，由此进入死循环而无法完成转型升级。 这与弘信电子当年在转型升级过程中遇到的发展难题大同小异，正是因为背靠弘信创业工场，弘信电子才快速完成蝶变。 因此，弘信创业工场必定也有能力帮助这些企业走出死循环。

再以联懋塑胶为例，其通过管理变革和人才引进，虽然逐渐具备系统管理能力和精益生产意识，但生产设备规模及其技术水平却远远达不到国产品牌手机厂商对供应链企业的相关要求。 经过测算，要想达到国产品牌手机厂商的要求，联懋塑胶至少需要投入2亿元用于采购国际先进生产设备，而当时公司净资产还不足 7000 万元，因此银行等传统金融机构绝不可能提供贷款支持，但弘信创业工场则完全可以通过整合金融资源为它提供资金支持，因为通过系统管理再造已经对联懋塑胶形成较强控制力和影响力，而且在完成生产设备规模化扩张后，完全有能力背靠弘信电子为其源源不断地导入国产品牌手机厂商的市场订单，进而帮助联懋塑胶彻底扭转死循环而进入可持续发展的良性循环。 于是，弘信创业工场很快通过旗下融资租赁企业弘信博格为联懋塑胶陆续提供 2 亿元设备融资租赁款项，帮助它全面完成生产设备规模化扩张，从而能够接得住国产品牌手机厂商提供的市场订单。"现在回顾起来印象最深的是，有一次我们接下一个大订单，因此急需购置全新的生产设备全面扩充产能，弘信创业工场在不到一个月时间内通过旗下融资租赁公司弘信博格为我们筹集到 5000 万元，彻底解了燃眉之急。"联懋塑胶董事长潘清寿说。 与此同时，为了全面强化联懋塑胶的技术研发实力，弘信创业工场还通过整合华中科技大学的相关科研资源注入联懋塑胶，助力它打造数字化工厂联合实验室，全面推进生产制造系统的持续优化。

图 6-1　联懋塑胶生产线

　　在这个过程中，弘信创业工场不仅为联懋塑胶指明了战略发展方向，完成了系统管理变革，而且注入了近三倍于公司净资产的融资租赁款项，后续还需要为其导入大客户订单。 那么，弘信创业工场如何获取经济回报？ 事实上，在注入设备融资租赁款项前，弘信创业工场就已经以相对较低的估值联合外部战略投资者合计投资 5000 万元入股联懋塑胶，其中弘信创业工场投资 3600 万元，此举不仅帮助联懋塑胶有效降低了资产负债率，而且获得了充沛流动资金用于扩充产能，弘信创业工场也因此有可能在联懋塑胶后续发展过程中获得稳健的投资回报。"需要注意的是，我们为联懋塑胶注入 2.5 亿元和银行贷款完全不同，其中 2 亿元定向用于生产设备规模化扩张，另外 5000 万元定向用于在有市场订单前提下的原材料采购，全部资金使用全过程必须在弘信创业工场的掌控之下。"李强说，"当然，弘信创业工场在投资入股过程中充分尊重创业者，坚定地奉行不控股原则，通常投资持股比例都不会超过20％。"

大客户嫁接

　　随着加盟移动智能终端制造全产业链企业经过管理提升具备系统管理能力和精益生产意识，经过投贷联动具备能够匹配国产品牌手机厂商的生产设备规模和技术研发水平，弘信创业工场紧接着便开始为这些企业嫁接"中华酷联"等大客户资源，进而真正进入市场并创造出高效益。 回想当初，正是因

为气势如虹的 "中华酷联" 等大客户企业面临较大的供应链管理难题，弘信创业工场才看到整合移动智能终端制造全产业链企业集体突围的机会。 而对"中华酷联"而言，弘信创业工场整合锻造出的移动智能终端制造产业链，由于具备管理邻近、制度邻近、文化邻近、技术邻近、地理邻近等邻近耦合特质，不仅全链条具有协同性，更重要的是在内部管理和生产制造方面具备相当高的一致性，进而能够更为稳健持续地为大客户提供全供应链服务，而且只需要与弘信创业工场建立良性互动关系，就能够获得全链条企业的共同支持，因此非常受欢迎。 再以联懋塑胶为例，在具备大客户服务能力后，弘信创业工场很快背靠弘信电子为它嫁接联想、华为、中兴、酷派、小米集团等众多大客户资源。 此后，联懋塑胶年均营业收入增长超过 70％，是过去平均水平的三倍多，在短短几年时间内在业内迅速崛起。 2014 年，联懋塑胶整体营收超过 15 亿元，净利润超过 1.5 亿元。

保姆式资本运作

随着移动智能终端制造全产业链企业获得快速成长，弘信创业工场开始寻找有上市潜质的企业展开资本运作，并帮助它们最终实现顺利上市。 对链条上的企业而言，上市意味着创业取得阶段性成功，并为未来可持续发展打通融资渠道；对弘信创业工场而言，通过这些企业的上市才能够实现高回报退出，全产业链整合模式才能最终完成高效闭环。 然而，除了在战略、管理和制造上存在明显短板外，中小制造业企业最缺的能力之一就是资本运作，它们惯常的融资方式是民间借贷和相互担保融资，对资本运作完全没有概念。因此，弘信创业工场必须提供全套上市解决方案才能够真正帮助它们登陆资本市场。

再以联懋塑胶为例，弘信创业工场不仅担任上市总协调人，而且包括会计师事务所、律师事务所、董秘、财务总监等在内的全套人马全部都由弘信创业工场负责协调配置，联懋塑胶最终也是在弘信创业工场的建议下选择通过并购上市。"在联懋塑胶并购上市过程中，相关事项全权委托给弘信创业工场，因为彼此有着共同目标，以及很高的互信度，所以我们对弘信创业工场完全开放，最终结果也非常好。"潘清寿说。在联懋塑胶与浙江星星科技股份有限公司（以下简称"星星科技"）完成资产重组实现联合上市后，潘清寿也选择加盟星星科技，并凭借着出色的经营能力很快晋升为星星科技总裁。

除了联懋塑胶，弘信创业工场还陆续帮助深圳深越光电技术有限公司和厦门弘汉光电科技有限公司等完成并购上市，帮助厦门恒坤新材料科技股份有限公司等完成新三板挂牌，旗下弘信电子也在创业板顺利上市。在弘信创业工场主导锻造的移动智能终端制造产业链上，凭借着全链条企业出色的业绩表现，共有五家企业通过多种形式登陆资本市场，整体资本运作成效显著。在这个过程中，弘信创业工场也获得了超过十倍的股权投资回报。

全产业链协同共进

经过三年多的努力，弘信创业工场以清晰的全产业链整合思路最终锻造出了一条包括芯片设计、柔性印制电路板、连接器/金属结构件、触摸屏、电容触摸屏触控模组、电源、贴片/整机代工、精密结构件、LED（light emitting diode，发光二极管）背光元器件、显示屏、高导热石墨膜等在内的完整的移动智能终端制造产业链（图 6-2）。 为了让全产业链企业真正在服务大客户上实现步调一致地共同提供高品质全供应链服务，除了通过系统管理变革在管理模式上建立起一致性，以及通过生产设备规模化和技术研发水平的显著提升构建起服务能力的一致性外，弘信创业工场还几乎参股了全链条所有企业，通过股权纽带建立起利益共同体，进而在整合调动全链条企业共同行动过程中形成号召力。 此外，弘信创业工场还携全产业链企业集聚所形成的企业集群能量，在四川省资阳市和湖北省荆门市拿下最优政策资源，打造出移动智能终端制造产业园，希望通过全链条企业零距离融合创新和抱团发展，真正建构起一条极具市场竞争力的移动智能终端制造产业链。

2015 年开始，中国手机行业市场格局再生剧变。 小米、OPPO（广东欧珀移动通信有限公司旗下手机品牌）、VIVO（步步高通讯科技有限公司旗下手机品牌）等全新品牌极速崛起，"中华酷联"除了华为势头继续向好外，联想、酷派、中兴等集体走向衰落。 当然，无论谁起谁落，市场对移动智能终端

序号	产品	公司名称
1	芯片设计	锐旗电子／华芯科技／土曼科技
2	挠性印制电路板	弘信电子
3	连接器／金属结构（外观）件	银华电子／弘宇科
4	触摸屏	深越光电
5	电容触摸屏触控模组	深越光电／星星科技／颀轩光电／恒天宏业
6	电源	瑞必达科技／维科电池
7	贴片／整机代工	鑫联信／腾捷电子
8	精密结构件	联懋塑胶／恒坤新材料
9	LED背光元器件	弘汉光电
10	显示屏	凯茂科技／上海丰灼
11	高导热石墨膜	中易碳素／新博成／博昊科技
12	移动电商／APP开发／智能设备	灵动快拍／一朵一果／路上随／映趣科技／智融创网络／迈思微／兆信股份／品橙科技

图 6-2　移动智能终端制造全产业链成员企业

制造产业链拥有巨大需求的基本面并没有改变。 事实上，未来极具市场竞争力的移动智能终端制造产业链不仅能够高效支持国产品牌手机厂商的发展，而且完全可以平移切换至新能源汽车产业链。 在弘信创业工场看来，未来的汽车在本质上就是一个移动智能终端，主要构件包括通信模组、智能驾驶 AI（artificial intelligence，人工智能）和新能源电池，因此在新一轮汽车产业变革过程中，弘信创业工场判定最终胜出的会是以谷歌公司（Google Incorporated）、百度控股有限公司、华为、腾讯控股有限公司等为代表的互联网及通讯行业巨头企业，而非以丰田汽车集团（Toyota Motor Corporation）、大众汽车集团（Volkswagen Group）、通用汽车集团（General Motors Corporation）等为代表的传统汽车产业巨头企业。 因此，弘信创业工场坚信未来移动智能终端制造产业链，一定能够高效切换成为具备自动驾驶功能的新能源汽车产业供应链。 由于在产业大变革过程中必然涉及全产业链企业转型升级，如果产业链上的企业能够一起协同起来高效转身就能够共同抓住产业变革带来的巨大机遇，这就是全产业链整合所具备的独特优势。在李强看来，在互联网及通讯行业巨头成为具备自动驾驶功能的新能源汽车产业领导者的过程中，将会遇到的最大挑战一定不是资本和技术，而是真正高效运营的优质供应链。目前，弘信创业工场正在整合全产业链企业一起在做这方面的转型升级思考。

由弘信创业工场主导锻造出的移动智能终端制造产业链整合突围的成功，不仅让创业工场模式获得普适性验证，更重要的是成功探索出了一条深深印上弘信创业工场烙印的全产业链整合路径，并且完全可以在其他产业链实现复制，即在大势将起之时，以龙头企业为支点撬动全产业链成长型企业，再配套企业转型升级整体解决方案，注入企业转型升级全套资源要素，并最终通过资本运作将具有出色业绩表现的成长型企业推向资本市场，完成全产业链整合闭环。这种基于产业链，囊括战略重塑、管理变革、金融支持、大客户嫁接、资本运作等在内的成长型企业转型升级整体解决方案，不仅受到联盟企业的普遍欢迎，也让弘信创业工场在全产业链上的股权投资不但具有很强的溢价能力，也具备很高的安全边际。更重要的是，由于完全具备可复制性，弘信创业工场的全产业链整合模式也成为李强此后提出的云创业模式在落地运营过程中的重要支撑。在移动智能终端制造产业链完成整合突围后，弘信创业工场又陆续进军移动应用（成功投资北京新氧科技有限公司、厦门咕啦电子商务有限公司、深圳超群高科技有限公司等优质创业公司）和移动内容领域（成功参与投资上海证大喜马拉雅网络科技有限公司、功夫动漫股份有限公司等优质创业公司），进而在移动互联全产业链完成布局并取得丰硕成果。

延伸阅读

基于核心企业的五种产业链整合模式

产业链整合目的在于大范围扩大市场占有率，获得强有力的市场势力，从而获得报酬递增和获取垄断利润，随之而来的是风险、成本和利益共担。因此，产业链整合必须具备三个前提条件：第一是核心企业的存在，核心企业发挥龙头主导作用，通过建立行业标准、共享资源技术和控制核心环节等多种方式组织并协调链条中各节点环节企业错综复杂的关系，并决定产业链组织方式；第二是协同运营，即产业链企业通过战略联盟、共享资源、优势互补、流程对接，甚至包括文化融合等在内的深度协同合作；第三是信息共享，产业链必须拥有透明的信息共享机制。

1.直线型整合模式

作为最常见的产业链整合模式，直线型整合模式包括横向直线型整合模式和纵向直线型整合模式。在直线型整合模式中，核心企业以主业为主对产业链成员企业展开横向和纵向并购与约束，通过股权并购延长产业链并促进产业链多元化经营，通过对链条上下游企业的约束控制建立合作伙伴关系，进而让产业链更加完整，实现产业链企业长期共赢。

横向直线型整合的优势在于通过扩大企业规模、提高市场集中度、扩大市场占有率从而降低成本，增强对市场价格的控价权并增加垄断性经营利润。横向直线型整合主要有水平并购和横向联盟两种形式，其中水平并购是通过股权并购控制产业链上下游主要环节企业，而横向联盟强调的是企业联合建立在各自保持独立的基础上，最典型的就是美国微软公司（Microsoft Corporation）和英特尔公司（Intel Corporation）曾经结成的 Wintel 联盟，微软公司提供视窗操作系统，英特尔公司提供微处理器，二者咬合搭配引导产业链持续升级。

纵向直线型整合可以分为垂直合并和纵向约束。垂直合并方式有兼并、收购和独立建厂等，有利于企业在采购、研发、生产、流通与销售等环节进行资源整合，并在内部经营管理上展开有效协调与控制。纵向约束则表现在核心企业通过对上下游企业进行纵向约束，从而使这些企业接受标准一体化的合约，通过经营规模或者市场控价实现纵向产业链垄断利润最大化。

2.联盟型整合模式

联盟型整合模式是由多个核心企业共同参与，产业链上下游企业以联盟契约形式进行整合，各企业资源优势互补、协同发展以提高整个链条及核心企业的竞争力。作为崭新的竞合模式，联盟契约可以有效实现产业链高效整合，增强企业核心竞争力。

联盟型整合模式的优势在于以企业签订契约为依托，对整合资本要求低，因此整合易于实现，企业之间可以借机互补优势资源，缩短产业链半径，放宽产业链开口，强化产业链市场优势。不足之处在于整合成功需要借助联盟品牌影响力，以及联盟合作和利益的合理分配，整合成本较高。

联盟型整合模式很受集群内核心企业的欢迎，核心企业为了突破空间限制，通过市场机制整合中小企业，可以重新配置集群内的生产要素，中小企业配合核心企业的主导，共同打造"小巨人"特性的产业链。 这种合作关系既降低了核心企业的经营成本，又增强了产业链各个企业的竞争力，产业集群升级改造前景乐观，通过产业链企业资源共享实现多赢协同效应。

3.辐射型整合模式

辐射型整合模式的灵感来源于蜘蛛网原理，核心企业作为主导者，是蛛网的中心，它凭借自己的资源、能力和竞争优势将周围与之联合配套的合作企业或产业集群紧紧吸附在蛛网上，核心企业将非核心业务外包剥离，吸附外界集群企业和发展周边企业为其提供配套服务，使得自身能够专注于核心技术研发创新、关键环节制造以及下游市场开拓。

辐射型整合模式形成的前提是核心企业发挥龙头带动效应，因此需要其他企业提供配套体系，核心企业是否具备较高的生产技术水平、较强的关联效应和较广的发展空间直接决定了蛛网辐射半径的大小和蛛网网络联结的强度。 辐射型整合模式适用于产业要素纷繁复杂、系统集成性较强的产业，核心企业可以更好地剥离各种制造环节，使成员企业可以更好地分工协作。 因为在单个产品制造过程中，企业不仅可以获得显著的规模经济效益，更能够有效地发挥各自的比较优势。 基于辐射型整合模式，核心企业可以通过股权并购、战略联盟等形式控制上下游企业整合产业链，也可以利用市场机制整合产业集群内的中小企业，打造一条风险共担和利益共享的产业链。

4.导向型整合模式

任何一条制造业产业链，下游市场都是以顾客需求为导向的，因此不同类型的核心企业整合的导向因素也不同。

如果核心企业是供应类企业，则产业链整合以生产制造合作伙伴为导向，选择最适合自己的生产制造环节合作伙伴是产业链整合最重要的环节，合作伙伴的信誉、规模、技术等因素的好坏直接影响到最终产品的优劣以及合作成本的高低。 如果核心企业是生产制造类企业，则产业链整合以创新为导向，生产制造处于产业链核心环节，产业链整合应充分通过寻找优质合作企业降低生产制造成本，虽然生产制造企业具备整合优势，但在产业链整合过程中必须注重创新整合思路，对内巩固优势和地位，对外引入优质投资伙伴。 如果核心企业是销售类企业，则产业链整合以终端为导向，销售类企业整合优势在于通过控制零售终端最大化创造顾客价值，以顾客价值为导向的产业链整合要实现快速响应，以及整个产业链的模块化设计，核心企业需要识别市场机会并将整个产业链有效分解，将具有比较优势的核心环节留下，将非核心环节剥离外包。

灵活制造模式和精益制造模式是以顾客为导向整合产业链的代表性模式。 灵活制造强调临时性合作关系，以及产业链价值环节的适度分离。 精益制造是从产业链价值角度看待每个环节价值的高低，注重每个价值环节的成本和质量控制，强调每个价值环节的衔接，管理整合视野扩展到整个产业链的高度。 例如，丰田汽车集团通过服务外包与 160 多家小企业建立合作，彼此之间相互信赖，共享知识信息，共同开发与生产。

5.集群园区型整合模式

通过加强产业链企业的联系，建立更加长久的信任和合作关系，推进产业链环节有效衔接，是产业链整合的趋势。 集群园区型整合模式是指在一个产业集群内，经过勘察、筛选、选址后，建立为产业集群核心企业服务的集群园区，集群园区按照产业链分工原则对产业链原材料采购、生产、销售等主要环节进行有效链接和整合。政府出台政策扶持集群园区的建立和发展，集群园区吸引技术、资金、市场和合作企业入驻，建立物流平台、信息共享平台、行业协会等，企业在集群园区内各司其职、分工协作。集群园区型整合模式打破过去集群内企业没有固定汇集场所的局限，将一个产业集群作为一个整体进行考量。

集群园区型整合模式以建立园区为依托，可以为集群园区内企业提供贷款、税收等优惠政策，把产业集群内的劳动力、市场需求、资金、技术等要素结合起来，通过产业链整合提升产业集群生产力。集群园区还可以统筹规划和管理，打破各自为政的局面，借助集群园区的品牌效应，使市场上的相关企业都主动为园区企业提供服务，进而改善核心企业在整合过程中资源要素不足的问题。不同业务环节企业加入集群园区有利于产业链延伸，既提高整合效率也降低整合成本。集群园区建设为园区企业共享优质基础设施、公共政策和人力资源等，有利于知识共享和技术传播，也有助于产业发挥辐射效应。

（本文摘选自郝雪的研究论文《基于核心企业的产业链整合研究》，并经由作者重新编辑整理而成。）

云创业
CLOUD VENTURE

创业云，云创业

Chapter
07

通过平行做宽服务让创业公司和众创空间垂直做深产业，通过自建全程创业服务体系为有潜质的创业公司高效提供系统支持和注入海量资源要素，通过就在眼皮底下的贴身创业服务为创业公司提供精准实效的创业支持，通过集聚大量优质创业公司形成规模效应为创业公司获取最优创业政策，通过将弘信创业工场经营模式重新定义为云创业，弘信科创决意要通过成就创业公司成就自己。

随着以弘信电子为支点的移动智能终端制造全产业链整合突围取得巨大成功，李强坚信已经通过内部创业和全产业链整合验证过的弘信创业工场经营模式必将拥有更为广阔的应用前景。随着博士论文开题期的到来，以及全国创新创业热潮席卷而至，以弘信创业工场经营模式为蓝本的云创业模式不仅在李强的脑海中浮现出来，而且最终在厦门云创智谷扎扎实实落地成功。于是，弘信创业工场旗下全新事业平台云创智谷(北京)科技有限公司(以下简称"弘信科创")正式创立,并将真正扛起李强心中分量最重的那杆创新创业大旗。

全球首倡云创业

2008 年,李强考入武汉理工大学管理学院,师从程国平教授攻读管理学博士学位。 2010 年,弘信创业工场正式成立,恰好在这一年,李强的博士论文研究课题亟待确定。 于是,他琢磨着是否可以结合自己过往十年创业探索出的弘信创业工场经营模式撰写博士论文,这样不仅能够在未来两年结合所学对弘信创业工场展开一次全面系统的梳理沉淀,而且在静心研究的过程中必定会有很多新发现。 李强意识到,这对自己而言是一次难得的通过理论结合实践,推进弘信创业工场经营模式全面完善的研究机会。 与此同时,程国平教授不仅十分认可他的研究课题,而且对弘信创业工场经营模式也非常感兴趣。

2010 年,云计算(cloud computing)概念方兴未艾。 云计算是指通过网络将计算实体整合成一个具有强大计算能力的平台系统,并借助先进的商业模式将强大的计算能力按需分发到终端用户手中,进而实现按需服务。 在李强看来,云计算的运行逻辑与弘信创业工场的经营逻辑非常契合。 首先,云聚海量资源,聚合的资源愈多,平台能力愈强,规模效应越显著;其次,用户资源按需生成、按需配置,全过程精准高效;再次,平台滋养用户,用户反哺平台,二者共生共长,抱团共进；最后，资源集聚引发聚合效应，相互化合激发创新活力，持续裂变实现生生不息，最终演化为一个自生长、自组织、自进化的创新创业生态圈。 正因此，李强很快决定将弘信创业工场正在践行的经营模式定名为——云创业模式（图 7-1），而他的博士论文也因此确定为《云创业平台研究》。 在接下来的两年中，李强进入边实践、边总结、边研究的全新工作状态，并最终于 2012 年顺利通过博士论文答辩，获得管理学博士学位。

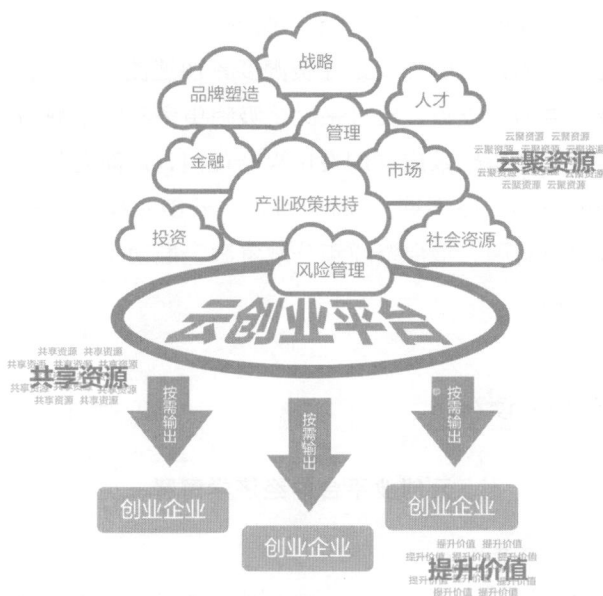

图 7-1 弘信云创业平台，作为开放式的公共创业平台，汇聚系统
         能力，按需输出给创业企业，帮助企业补足短板，降低创
         业门槛和成本

在论文中李强指出：云创业，简单来说就是为创业公司积聚、开发、储存大量资源要素，而后再按需输出到各个创业公司，帮助它们突破瓶颈加速成长，通过减轻创业者的创业压力让创业变得更加容易成功。 与此同时，云创业平台通过联盟、参股、控股等形式，让加入平台的创业公司形成一个巨大的企业联盟，并通过规模效应获得强大的资源要素索取权与议价能力，进一步在联盟内外大规模整合各种资源要素服务于平台上的创业公司，让它们获得单个创业公司难以企及的优质资源，这也是云创业平台最具标志性的特质之一。 不难看出，云创业模式的核心要点就是让资源要素快速流淌起来，进而为创业者提供最大支持，反过来又将吸附更多不同禀赋资源要素云集发酵引发集聚效应并爆发出聚合能量，进而为创业者营造良好的内外部生态环境。 简而言之，云创业模式的基本思想是通过聚集资源、整合资源和分发资源，推动平台上的创业公司更快成功。

延伸阅读7-1

云创业平台的经济学解释

1.企业经营要素理论

一家创业公司的成功，需要多种资源要素的合宜搭配，其中既有个性化的技术、产品和市场，也有共性的品牌、资金、管理、人才、产业资源等，创业公司专注于经营个性资源要素，云创业平台专注于经营共性资源要素，这就是云创业模式的核心思想。

2.短板理论

云创业平台的基本经营逻辑就是锻造平台能力补足不同创业公司的不同短板，进而提升创业公司在市场上的抗风险能力，以及由此形成的可持续发展能力。

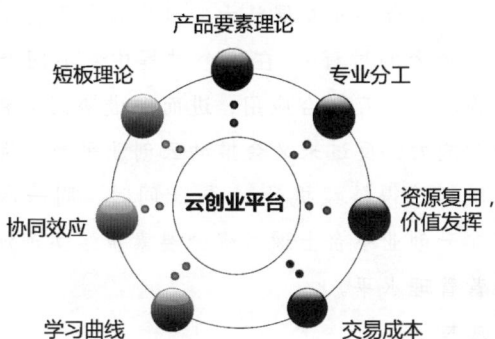

云创业平台的经济学解释

3.专业分工

虽然云创业平台上的企业非常多样，但云创业平台本身却极为专业，即聚焦于助力创业公司成功的共性资源要素的开发与经营。

4.资源复用

如果同一资源要素实现多次有效应用就能够创造出更多价值，那么如果更多创业公司能够应用云创业平台沉淀的共性资源要素，云创业平台就能够创造出更多价值，进而实现可持续发展。

5.学习曲线

学习曲线是指企业只有通过足够长的时间才能够沉淀出相

关经营能力，但云创业平台能够将学习曲线变得更加陡峭，使创业公司越过积累期，直接获得已经验证过的成功经验，从而让创业公司更容易成功。

6.协同效应

协同效应带来的收益主要体现在范围经济、规模效益与流程优化，云创业平台不断发展壮大的过程就是平台上的企业不断增多和发展壮大的过程。在这个过程中，不同产业创业公司的成功经验能够相互融合应用，进而促进协同创新，不断增强彼此的经营能力，反过来又会推动云创业平台共性资源要素的规模和品质都获得持续提升。与此同时，同一产业的不同企业还能够在云创业平台上通过资源要素重组实现流程优化，进而提高经营管理水平。

7.交易成本

企业存在就是为了降低交易成本，交易成本由信息搜寻成本、谈判成本、缔约成本、监督履约情况成本、可能发生的处理违约行为成本等构成，云创业平台聚集大量在业务上具有一定互补性的企业，由这些企业及其客户和供应商形成的企业圈层具备畅通的沟通渠道和良好的互信关系，因此能够极大降低相互之间的交易成本，提升平台整体经营效率。

（本文摘选自李强的博士论文《云创业平台研究》，并经由作者重新编辑整理而成。）

弘信科创诞生

　　为了加速推进云创业模式的全面落地，在财务中心、信息中心、风控中心，以及包括品牌文化、人力资源和公共关系等职能在内的行政中心外，李强继续推动弘信创业工场于 2012 年 1 月组建包括教练咨询、政策咨询、创业金融、创业投资、市场服务、投资银行等职能在内的云创业中心（图 7-2），弘信云创业平台就此创立并全面对外开放，弘信创业工场也由此完成从支持企业内部创业到服务全社会创新创业发展的重大战略角色转变，并且此后三年在移动智能终端制造产业链全面落地并取得巨大成功。

　　然而，在李强看来，全产业链整合并不能充分体现云创业模式的全部内涵，相反，这只是其中最重要的内容之一。 在移动智能终端制造全产业链整合过程中，李强发现产业链企业非常分散，因此缺乏企业集聚形成的规模效应，以及由此迸发出的融合化反作用和创新创业活力。 于是，弘信创业工场于 2014 年底在厦门市湖里区拿下一块占地 4.8 万平方米的闲置物流仓库土地 20 年的使用权，并投资 1.2 亿元进行改造装修。2016 年初，以科技创新为主题的总建筑面积超过 10 万平方米的云创智谷正式开园运营。 这不仅是弘信创业工场云创业模式全面落地的试验田，也是云创业模式是否真正具有普遍商业效用的验证地。

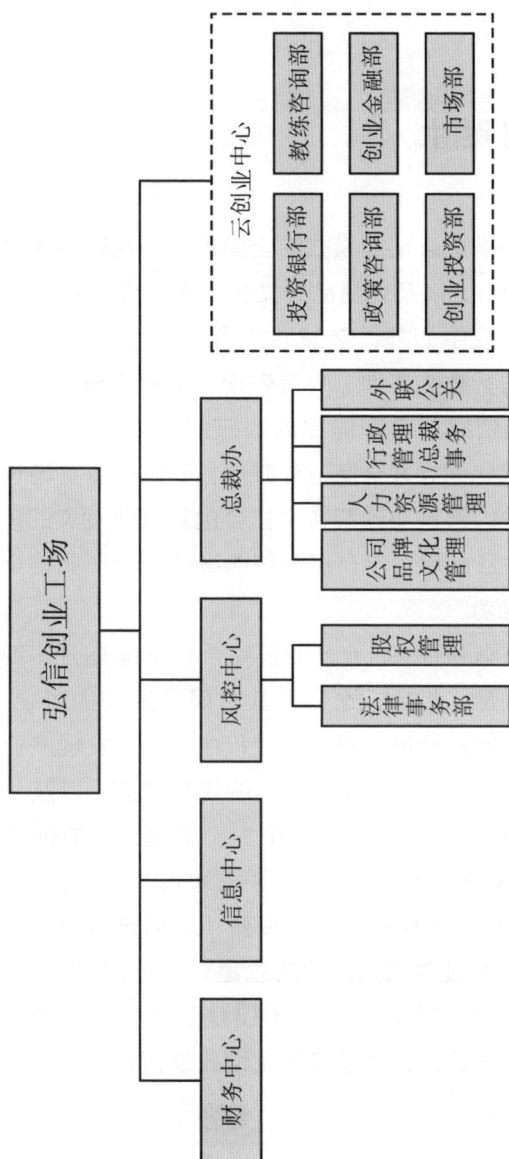

图7-2 弘信创业工场组织结构图(2012)

图 7-3　厦门云创智谷

2015 年 3 月，国务院总理李克强首次在《政府工作报告》中倡导"大众创业、万众创新"，由此很快在全社会掀起创新创业热潮，创业服务业随之迅速兴起并成为众多资本追捧的对象之一。然而，正如李强应邀于 2015 年 4 月 17 日在中欧国际工商学院演讲中所提到的，政府虽然明确了导向，但政策出台和落实到位还要假以时日；很多创业者虽然有一技之长，但对于如何有效运作企业还相当业余；创新创业理想丰满，但现实依旧骨感，因此，市场活力的激发既要清障，也要搭台。鉴于此，李强决定在弘信创业工场剥离以云创业中心为主体的创业服务职能成立云创智谷（北京）科技有限公司，除了可以将过去零散的创业服务职能重整为专业化、产品化、成体系的创业服务能力，从而支撑云创智谷的高效运营外，弘信科创也成为弘信创业工场旗下又一行业概念清晰的创业公司，进而便于未来资本运作工作的展开。与此同时，弘信科创在创立之初就全面复制"三驾马车"的成功模式，组建起以李震（原弘信物流总经理）、李为巍（原弘信创业工场行政中心总经理）、王操红（原弘信创业工场教练咨询部总经理）、杨辉（原弘信创业工场政策咨询部总经理）、钟平文（外部引进的房地产行业资深从业人士，废旧厂房改造专家）等为核心成员的创业团队，并出让 25％ 的股权比例，由创业团队以股权置换和自有资金投资方式共同持有。

众创空间垂直做深，云创智谷平行做宽

　　如果说弘信创业工场的成立才让李强的创业之路逐渐呈现出他想要的样子，那么从某种意义上来说，弘信科创才是李强内心深处真正希望从事的事业。 也因此，在弘信科创创立之初，李强就对它寄予厚望，并潜藏运作上市的经营目标。 这也意味着弘信科创在未来绝不仅仅是运营一个云创智谷，而是十个，甚至百个。 作为云创业模式全面落地的第一片试验田，经营团队的目标不仅在于将云创智谷运营成功，更在于要将其运营成为样板园区，甚至是云创智谷的全国旗舰店，进而在未来的市场拓展和连锁复制道路上畅行无阻。

　　作为以科技创新为主题的创新创业园区，云创智谷必须吸引大批高质量的创新创业公司入驻，园区的系统运营才有支点，园区的商业价值也才能凸显出来。 而要想吸引到希望吸引的创业公司入驻，首先自身必须要有精准清晰的战略定位。由于云创智谷园区面积较大，同时弘信创业工场在过去始终将自己定位为公共创业资源要素整合支持平台，因此弘信科创明确将云创智谷定位为加速器而非孵化器，主要吸附对象为已经跨过孵化期的科技创业公司和以孵化创业公司为定位的众创空间。 与此同时，为了避免众创空间演变成为毫无特色的联合办公空间，云创智谷要求入驻的众创空间必须具有行业垂直特性，并且背靠行业龙头企业（图 7-4）。 一方面，行业龙头企业可以提供行业专业辅导和产业资源支持，并且直接成为创业成果最重要的市场出口；另一方面，众创空间也可以会同龙头企业开展协同研发等体外创新工作，成为龙头企业重要的创新活力源泉。 事实上，对于龙头企业尤其是上市公司而言，在企业内部开展创新性项目时，往往会在资源分配等方面受到主业强力牵制，进而导致创新性项目日渐边缘化而失败，甚至对企业市值产生不利影响。 如果将体内研发项目转化为体外研发项目，只通过投入资源支持就可以获得创新性前沿研发团队的研发能力，若项目成功，则可以通过收购等方式纳入上市公司体系，若项目失败，对公司也毫无影响。 体外创新性前沿研发团队大比例持有创业项目股权，是真正充满活力与斗志的创业团队，在龙头企业资源支持下必将更容易取得成功。 由此，众创空间便能建构起有目标、有资源、有市场的高效孵化能力，并且有机会成为行业垂直领域的前沿创新中心。 不难看出，弘信科创针对众创空间的全新运营定位也与国家"大企业顶天立地，小企业铺天盖地"的创新创业号召不谋而合。

在精准战略定位的指引下，云创智谷除了成为创业公司加速器外，还成为众创空间的众创空间。 云创智谷在公共创业资源要素整合方面持续做宽服务面，进而为创业公司提供全程创业服务；众创空间则在行业垂直领域背靠龙头企业持续做深

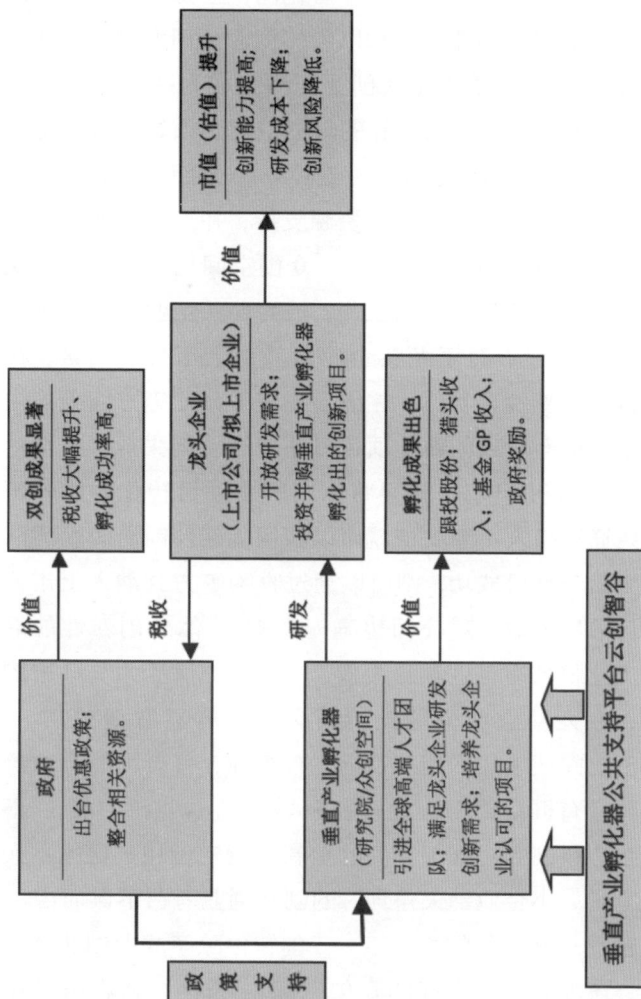

图7-4　弘信科创众创空间公共支持平台运营模式

产业链，不断孵化出优质创业公司进入云创智谷。 既有全程创业服务，又有垂直产业资源，一个孵化，一个加速，相互之间在运营过程中配合默契、相得益彰，共同完成创业服务的全程接力。 与此同时，弘信科创经营团队大都在弘信创业工场拥有超过十年创业服务经验，以及移动智能终端制造全产业链整合经验，加上弘信创业工场本身在智能制造、融资租赁、快消品供应链及第三方物流服务等三大垂直产业拥有丰沛资源，进一步强化了云创智谷对创业公司的吸引力。 2016 年初，云创智谷开园即满园，已入驻了近 400 家创业公司及 16 家众创空间，并形成了超过 3000 人在园区创业和就业的经营格局。

一体两翼，自建全程创业服务体系

事实证明，聚焦行业垂直领域同时背靠行业龙头企业运营众创空间确实更容易经营出成果，背靠弘信电子的柔性电子众创空间，背靠厦门基科生物科技有限公司(以下简称"爱基因")的生命科学众创空间，背靠功夫动漫股份有限公司(以下简称"功夫动漫")的漫客工场众创空间，以及背靠福建环安检测评价有限公司的蝌蚪生态众创空间等，都在云创智谷的支持下，不仅很快赢得生存空间，并且持续保持良好发展态势。相较而言，云创智谷在为创业公司和众创空间持续做宽服务面的过程中挑战更大，因为背靠弘信创业工场的弘信科创在探索过程中最终选择了一条以创业服务为主体、以创业投资和创业金融为两翼，并且自建自营全程创业服务体系的全新发展

143

道路。

事实上，弘信科创最初也倾向于通过整合社会资源引进创业服务，进而为园区创业公司提供全程创业服务。 但在具体整合资源的过程中他们发现，由于创业服务是一个新兴业态，引进的创业服务要么质量不高，要么价值不大，而且由于无法高效率整合协同，进而不可能成体系地为创业公司提供服务。在金融服务方面，弘信科创最初的想法也是选择嫁接银行等传统金融机构，但很快他们发现传统金融机构的风控体系和资金成本根本无法服务到创业公司。 于是，出于长远发展的战略考虑，背靠弘信创业工场的弘信科创最终选择了一条难度更大且少有人走过的道路，即自建自营全程创业服务体系。"我们宁可慢一些，也希望能够为创业公司真正提供成体系有价值的创业服务。"弘信科创总经理李震说，"只有自己能够控制的资源才是真正的资源，只有确保能够落地的资源才是有效的资源。"

在创业服务层面，由于弘信创业工场拥有十多年创业服务经验，在这个过程中历练出一批创业服务人才，而后被全部注入全新成立的弘信科创，共同支撑起创业服务板块，具体服务内容包括：公司注册、代理记账、人事代理、集中采购、IT (information technology，信息技术)服务、管理咨询、政策咨询、品牌推广、办公空间租赁等。 在创业金融层面，弘信创业工场在过去十多年资源要素沉淀的基础上，经过几年努力搭建出包括融资租赁(弘信博格)、小额贷款(广州建信小额贷款有限公司)、互联网金融(厦门弘信宝金融技术有限公司)、供应链金融(上糖网电子商务有限公司)和商业保理(厦门泰融易商业保理有限公司)等在内的创业金融服务体系。 在创业投资层面，弘信创业工场旗下也拥有分别成功投资上海证大喜马拉雅网络科技有限公司(以下简称"喜马拉雅")和北京新氧科技有限公司(以下简称"新氧医美")等独角兽企业在内的深圳云创资本投资管理有限公司(以下简称"云创资本")和厦门弘信资本投资管理有限公司，随着云创智谷开始迈向全国并聚集越来越多的高科技创业公司，弘信创业工场陆续与各地政府合作共建产业投资基金，并在政府背书下撬动更多社会资本加入，资本实力日臻雄厚，已经构建起聚焦于智能制造、机器人军工、动漫游戏、移动互联等垂直产业的总额达数十亿元的各类产业投资基金。 自此，弘信科创背靠弘信创业工场基本自建起一体两翼的全程创业服务体系，彻底打通创业服务、创业投资与创业金融之间存在的无形屏障，并通过为创业公司深度提供创业服务全方位保障创业投资与创业金融服务的精准高效和安全可靠。

以创立于 2015 年的弘信绿通(北京)科技发展有限公司(以下简称"弘信绿通")为例。 这是一家通过物联网技术为终端餐饮企业高效供应食用油的高科技企业，通过在餐饮终端内嵌智能不锈钢储油罐时时掌控终端用油情况，并通过绿色环保的油罐车提供精准高效的食用油补给服务，从而全面规避传统供油链条造成的包装浪费和供油损耗，进而全面改善由于普遍存在不规范经营而导致终端餐饮企业缺乏高品质供油服务商的市场状况。 在弘信绿通创立初期，弘信创业工场旗下弘信物流非常看好这个项目，因此很快完成创业投资并在初创期提供创业辅导支持；由于弘信绿通需要垫资采购食用油，在早期市场拓展过程中，厦门弘信宝金融技术有限公司曾为它采购食用油提供高效融资服务；随着弘信绿通逐渐发展壮大，成功引入战略投资者并逐渐开始在全国展开布局，弘信博格开始全面介入并提供较大金额的融资租赁服务。"只做创业服务很难盈利，但如果没有创业服务，创业投资和创业金融服务就将面临很高的经营风险，只有通过创业服务打前阵，其他资源才可以在较高的安全边际内接踵而至。"李震说，"并且，如果只有股权投资而没有债权融资也不足以帮到创业公司，因此我们的思路是在嵌入创业服务前提下的投融一体化，为创业公司提供全生命周期创业服务，进而能够为未来的产业链整合提供强有力支撑。"

虽然弘信科创背靠弘信创业工场基本完成全程创业服务体系的自建自营，但由于各个模块服务能力和服务品质锻造需要时间沉淀，并且最好的沉淀方式就是在服务创业公司的过程中完成持续迭代升级，加之创业公司入驻云创智谷后立刻就会涌现出全程创业服务需求，因此弘信科创在自建自营全程创业服务体系过程中的基本思路是——先有后优，即先构建起完备的服务模块，确保能够基本满足创业公司的全程创业服务需求，而后在共同发展过程中持续磨合碰撞，进而全面提升服务能力和服务品质。 此外，虽然弘信科创选择自建自营全程创业服务体系，但园区生活和物业等配套服务全部通过外包经营。

贴身服务，看得清帮得准见实效

"云创智谷开园后，我们很快就将公司搬了过来，因为大家在一起确实交流更方便，云创智谷的运营团队经常会到公司走一走看一看聊一聊，相互之间很快就熟悉起来了。"厦门可睿特信息科技有限公司（以下简称"可睿特"）总经理林志明说，"而且，每年有那么多政商学界人士到访云创智谷，他们也都会带到可睿特参观访问，算是我们比较重要的品牌传播渠道。"可睿特是人体三维数据交互平台开发商，也是中国首家以智能硬件为入口的鞋服业创新平台，专注于人体三维体型数据研究，进而为鞋服定制行业客户提供系列软硬件解决方案。在林志明看来，与其他投资机构相比，弘信创业工场确实在投后会全力为创业公司导入各种资源要素，全面助力创业公司走向成功。"很多投资机构完成投资后一年都不来一次，因此每次过来关心的问题就和我们想的很不一样。"林志明说，"在云创智谷和弘信科创经营团队天天泡在一起，能够时刻感受到他们的支持，由于他们清楚地知道我们在发展过程中具体卡在哪个点上，因此不仅在遇到困难的时候更可能向我们提供帮助，而且所提供的帮助也会更加有效。"

可睿特所感受到的贴身创业服务正是弘信科创最重要的经营理念之一，即优秀的创业公司必须都要在眼皮底下，只有这样才能够看得清、帮得准，而且真正见实效，否则常常出现的状况就会是，当发生问题时已经来不及了，而创业公司只有集聚在园区才能让弘信科创有可能真正做到贴身提供创业服务，这也正是园区运营的巨大优势。"创业公司有时候很尴尬，虽然很多投资机构参与投资，但真正发生问题时真不知道该去找谁商量。"林志明说，"在这时候，首先考虑的就是去找那些离得最近、来得最勤、关系最亲的投资机构交流，这也是弘信创业工场参与投资的巨大优势，不仅很容易就能够找到他们，而且他们也很愿意和我们一起面对和解决问题。"这种陪伴式的创业投资风格直接来源于弘信创业工场的企业基因，因为旗下很多产业就是通过陪伴和助推发展起来的。因此，在弘信科创的经营理念中，只有贴身提供创业服务才能够真正富有实效地服务于创业公司，只有与创业公司时刻保持同频共振才能够真正让彼此拥有共同语言，进而发自内心地在一起共创未来，而让这一切发生的重要前提就是彼此必须都集聚在云创智谷。

抱团创业，共享优质创业资源

创业之所以不容易成功，很大程度上就是因为创业公司力量过于弱小。在很多时候，创业公司不仅弱小，而且还是单枪匹马在市场上横冲直撞，成功概率可想而知。事实上，创业过程极具"马太效应"，当创业公司的发展跨过某个发展节点时，各类资源要素都会开始疯狂地向它涌来，但在没有迈过那个发展节点前，各类资源要素又都如躲着瘟疫一般躲着创业公司，导致其很容易在市场上被碾压而亡。弘信电子、弘信博格和弘信物流的阶段性成功，让弘信创业工场深刻地感受到行业龙头企业在资源要素整合上拥有的巨大优势；移动智能终端制造全产业整合突围的成功，又让弘信创业工场深刻地体会到全产业链整合在市场竞争中潜藏着的巨大能量。于是，在弘信科创的经营过程中，经营团队逐渐构建起通过引入行业龙头企业带动形成产业链，从而搭建起既有龙头企业效应又有产业链优势的抱团创业的全新经营格局，进而在政府政策等创业资源要素整合上形成规模效应，让入驻园区的创业公司能够真正享受到单个创业公司根本无法企及，甚至只有大企业才能够

148

享受到的全套社会资源要素支持（图 7-5）。

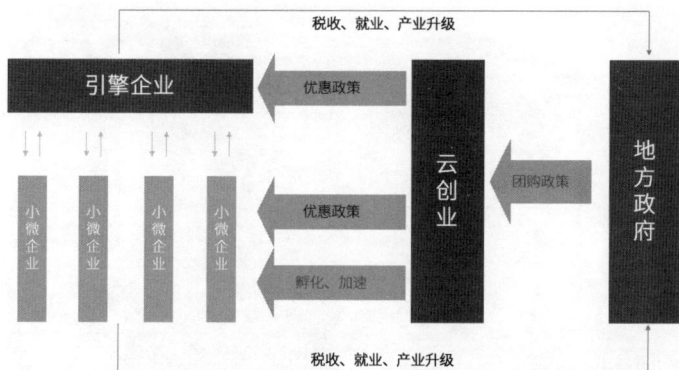

图 7-5　龙头企业带动下的抱团创业格局

　　由于有着清晰的战略发展思路，位于厦门市湖里区的全国首个云创智谷通过高效运营围绕弘信电子、爱基因、功夫动漫、福建环安检测评价有限公司等行业龙头企业迅速集聚起一大批优质创业公司，并且很快赢得社会各方认同，先后获得"国家级电商创业公共服务平台""国家级海峡两岸青年创业基地""福建省现代服务业集聚示范区（A 类）""厦门市小微企业创新创业示范基地""厦门市中小企业公共服务示范平台"等诸多荣誉，并仅在 2017 年就接待超过 300 批次各地政商学界人士参访学习。在云创智谷每项荣誉的背后都意味着巨大的政策资源支持，这些由于创业公司抱团创业而获得的政策资源全部通过云创智谷高效转化到各个创业公司，助力它们创业成功。自此，云创智谷不仅在短时间内逐渐建构起强大的品牌效应，而且成为云创业模式成功落地运营的全国首个样板园区，并于 2017 年顺利实现盈利。

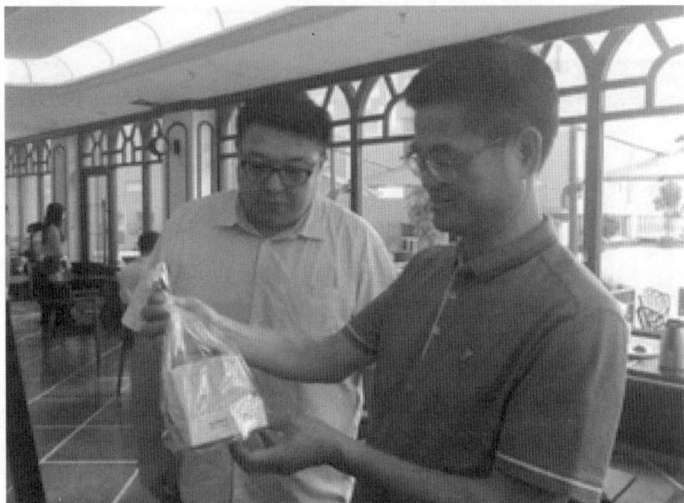

图 7-6 台资企业沪尾一号入驻园区

　　大批政商学界人士的参访学习，为抱团创业的园区企业提供了巨大商机。 尤其是对于拥有 To G(to government)业务的企业来说，云创智谷确实是极佳的展示窗口。 2018 年初，动漫领域的超级 IP 运营商功夫动漫厦门运营中心在云创智谷落地，最好的园区位置、明亮的色调、活泼的造型，使其成为各类参访团的必去站点。"在云创智谷，大家抱团创业，互相加持，营销成本大大降低，市场成效十分显著。"功夫动漫合伙人吴致宏说。 2018 年，功夫动漫厦门运营中心累计接待超过 200 批次党政及企业参访团，目标准、频次多、范围广、成交率高，已经有四川省成都市、陕西省延安市、云南省德宏傣族景颇族自治州等多个地方政府通过参访云创智谷与功夫动漫建立合作。 正是因为看到云创智谷抱团创业催生的集聚能量，优质农产品供应链平台运营商来三斤(厦门)网络科技有限公司(以下简称"来三斤")正筹划着将公司迁入云创智谷，并希望能够与弘信科创在股权层面展开合作，共同打造特色农产品商业生态圈。 来三斤与弘信科创结缘于广西，作为一家线上线下一体化运营的农产品供应链平台，来三斤依托弘信创业工场在广西布局多年累积的丰富资源，成功与广西日报传媒集团旗下南国早报建立链接，通过南国早报旗下购物平台向消费者推介优质农产品。 与此同时，在弘信科创的牵线搭桥下，来三斤正与广西凯合置业集团有限公司旗下国家一级物业管理公司广西建凯物业服务有限公司，以及南宁威宁投资集团有限公司旗下广西首家新零售品牌宁家鲜生等企业深入洽谈合作，共同推动扶贫支农，开拓广西市场。

图 7-7　功夫动漫在云创智谷园区精心打造功夫动漫厦门运营中心

　　随着中国经济逐渐从投资驱动转向创新驱动，以及国务院总理李克强在 2014 年 9 月发出"大众创业、万众创新"的全国号召后，各地政府纷纷开始筹建双创平台，进而推进经济转型升级。然而，由于其多年以来习惯于投资驱动的发展逻辑，对于创新驱动不仅缺乏思路，也缺乏人才，由此导致全面缺乏创新驱动运营能力。于是，通过市场化合作模式引进高水平的双创运营服务平台就成为各地政府的最佳选择。对于像弘信创业工场这样自持产业经营基础、自建全程创业服务体系、自带大批量极具创新性的创业公司，并且拥有独具特色的双创生态运营思路的创新创业运营服务平台，很快便成为各地政府青睐有加的合作对象。

通过成就创业公司成就自己

　　对弘信科创而言，运营云创智谷本质上就是在经营创业环境，只有营造出品质高、氛围好、服务全的创业环境，才有可能助推创业公司不断走向成功。具体而言：首先，要做到让创业者便宜创业，云创智谷的办公空间、物业服务、生活服务等全部以微利经营为基本原则；其次，要让创业者方便创业，弘信创业工场之所以决意要运营园区，很大程度上就是因为园区运营具有多维想象空间，通过高效运营容易将园区转化成社区，从而逐渐为创业者提供包括吃喝住用行在内的多重创业便利；再次，要让创业者更容易成功创业，背靠弘信创业工场的弘信科创通过自建自营全程创业服务体系实现创业服务链条上的每一个环节都能成为一致行动人，进而能够高效地为有潜质的创业公司提供系统支持和注入海量资源要素，目的就在于让创业者更容易创业成功。

在弘信科创的盈利模式设计中，在创业投资之外的创业服务和创业金融更倾向于定位为创业公司支持功能，而非核心盈利点，在园区运营过程中真正被弘信科创定义为核心盈利点的则是在创业服务过程中跟进的创业投资。 也因此，只有不断涌现出成功创业公司的云创智谷才是真正成功的云创智谷。而在具体经营过程中，由于创业公司的成功是一个艰辛而漫长的发展过程，因此弘信科创的成功也必将是一个相对漫长的过程，因此必须要有延迟满足的良好心态，真正做到与创业者一路相伴，与政府一起稳扎稳打服务于区域创新创业，而非急于撞大运、迈大步、赚快钱。 基于云创智谷作为创新创业平台的经营特征，弘信科创只有通过竭尽全力成就创业公司才能够最终真正成就自己。

事实上，弘信科创这种与创业公司长久相伴，通过他赢实现共赢的良好心态，同样来自于弘信创业工场的企业基因。背靠弘信创业工场的弘信科创是在三大垂直产业拥有扎实经营基础的创新创业运营平台，而非市场上很多迎着所谓的双创风口而去的不知根不知底的中介经营机构，务实稳健是它的文化底色。 与此同时，在过去十多年的发展过程中，弘信创业工场既有自主创业的成功经验，又有一对一成功孵化出多家创业公司的成功经验，既是创业者也更愿意帮助创业者，因此由它主导运营的创新创业平台也必将因为更懂创业者而更加贴近创业者的真实需求。 创业是一条没有终点的漫长道路，那么创业服务又何尝不是如此呢？ 高品质的全程创业服务能力不是一朝一夕就能练就的，但有耐心的全程创业服务心态却在弘信科创创立之初就已天然具备。

通过平行做宽服务让创业公司和众创空间垂直做深产业，通过自建全程创业服务体系为有潜质的创业公司高效提供系统支持和注入海量资源要素，通过就在眼皮底下的贴身创业服务为创业公司提供精准实效的创业支持，通过集聚大量优质创业公司形成规模效应为创业公司获取最优创业政策，通过将弘信创业工场经营模式重新定义为云创业，弘信科创决意要通过成就创业公司成就自己。 云创智谷的高效运营，巨量政商学界人士的蜂拥而至，以及各地政府热切的合作期盼，都让弘信科创的经营团队感到热血沸腾，下一步他们要做的就是将云创智谷这面创新创业旗帜插到中国乃至于全球的每一座城市，"百城智谷"的全新经营战略也就此浮出水面并全面启动落地运营。

延伸阅读7-2

全球第四次创新创业浪潮

纵观世界经济发展史，大体经历过四次创新创业浪潮。第一次浪潮产生于资本主义工业革命时期；第二次浪潮由第二次世界大战后的经济复苏推动而诞生；20 世纪 80 年代以来的新经济革命风暴席卷全球，推动了以全球化扩张和信息技术高速发展为典型特征的第三次创新创业浪潮。 2008 年全球金融危机后，世界各国比以往任何时期都更需要通过创新摆脱危机，因此主要发达国家纷纷推出各自的创新发展战略，其焦点不约而同地锁定在互联网、生物技术、新能源、高端制造业等战略性新兴产业，并形成新一轮经济增长竞赛，例如美国的《美国创新战略：确保经济增长与繁荣》（A Strategy for American Innovation：Securing Our Economic Growth and Prosperity）、《国家先进制造业国家战略计划》（National Strategic Plan for Advanced Manufacturing）、欧盟的《欧洲 2020：智慧型、可持续与包容性的增长战略》（Europe2020：A strategy for smart sustainable and inclusive growth）、德国的《高技术战略2020：创意·创新·增长》（2020 High-tech Strategy for German：Idea·Innovation·Growth）、英国的《以增长为目标的创新与研究战略》（Innovation and Research Strategy for Growth）、日本的《创新 2025 战略》（Innovation 2025 Strategy）等，其频率之快、密集程度之高前所未有，因此我们有充分理由认为，全球第四次创新创业浪潮已经到来。

作为全球创新引领者和风向标，2008 年全球金融危机以来，美国为重振经济、促进可持续增长和高质量就业，进而保障经济增长和繁荣昌盛，分别于 2009 年、2011 年和 2015 年连续出台三版创新战略，完成面向未来的新一轮创新创业战略整体布局。事实上，"创客运动"（maker movement）最早也兴起于美国，在新一轮信息技术、众筹机制、创客文化的共同合力下，创客运动很快成为一股全球化浪潮。2012 年，时任美国总统奥巴马（Barack Hussein Obama）推动美国联邦政府出台《促进创业企业融资法》（The Jumpstart Our Business Startups Act）和《就业法案》（Jobs Act），旨在推动更多众筹平台出现，进而为创新、创业和创意提供资金支持。"创业者承载着美国的承诺：在我们国家，如果你有好的想法并且愿意为之付出辛劳，那么你定能成功。"奥巴马说，"在实现这一诺言的过程中，创业者同样在经济发展和增加就业岗位方面发挥重要作用。"2014 年，奥巴马宣布每年 6 月 18 日为美国"国家创客日"（National Day of Making），以示对创客及创客运动的支持。作为全球创客空间最多的国家之一，美国也将创客运动视为重振制造业和创新经济的重要载体。

2010 年，德国正式出台《高技术战略 2020：创意 · 创新 · 增长》，特别强调优先发展环保、健康、安全、气候、资源、交通等领域，并提出优化创办企业的基础条件，竭力塑造新的法规环境，为发明和创新提供足够的自由空间，大幅提升企业创新能力；与此同时，规划还提出大力推进中小企业创新能力建设，政府资助重点为中小企业相互之间和企业与科学界之间的可持续联合研发项目；此外，从 2008 年开始出台的《中小企业创新核心项目计划》（Zentrales Innovationsprogramm Mittelstand）更是充分体现了德国全力资助和保护中小企业的发展理念。借鉴德国经验，英国于 2010 年出资 2 亿英镑组建国家级创新网络——创新助推器计划（Booster Program for Innovation），首期在英国选择 7 个一流科技创新中心作为试点，围绕英国优势科研领域营造良好创新生态体系，并计划在 2020 年将支持资金提升到 10 亿英镑，进而实现到 2030 年在全英布局 30 个创新助推器的目标；与此同时，英国还通过"创新券计划"（Innovation Vouchers Scheme）资助中小企业与科研机构合作。欧盟则全面加大对公共创新研发的支持力度，从 1984 年开始的"欧盟研发框架计划"（Framework Programme for Research）是迄今为止全球最大的公共财政科研资助计划，其中于 2014 年出台的《地平线 2020》（Horizon

2020)预计将在 2014—2020 年共投入 770 亿欧元，仅在产业领导力领域的预算总额就超过 170 亿欧元，主要投向信息技术、纳米技术、生物技术、制造技术和空间技术等领域；到 2020 年，欧盟研发与创新投入预计将占欧盟总财政预算的 8.6%。

亚洲在这轮全球创新竞争中也不甘示弱，日本、韩国居于前列。继 2007 年出台《创新 2025 战略》、2010 年出台《新经济增长战略》(New Growth Strategy)后，日本于 2011 年进一步提出成立"科技创新战略本部"代替"综合科学技术会议"，最大限度发挥"创新司令塔"的指挥作用，全面促进科技创新创业一体化进程；为了抢夺全球以及亚洲创新人才，日本率先启动"亚洲人才资金构想事业"项目，设立"外国人特别研究员计划"(Postdoctoral Fellow)，吸引以中国、韩国为主的亚洲留学生。2009 年 1 月，韩国政府发布并启动实施《新增长动力规划及发展战略》(New Growth Power Planning and Development Strategy)，将绿色技术、尖端产业融合和高附加值服务等三大领域共 17 个新兴产业确定为新增长动力；2013 年初，时任韩国总统朴槿惠(Park Geun-hye)提出实施"创造经济"(Creative Economy)的创新战略发展思路，要将科技和信息通信技术应有到全部产业，促进产业和产业之间、产业和文化之间的结合，进而全面推动产业发展，创造就业机会；为此，韩国政府设立创新管理政府部门，以塑造"创造经济"生态环境为方针，从国家科技研发、信息通信技术出发，构建只要有别出心裁的构想和热情就可挑战创业的生态系统，塑造从富有创意的人才培养到创业、成长等阶段投资、回收、再挑战的循环结构，特别是发展和保护中小企业，使之成为"创造经济"主力军等在内的五大战略并取得显著成效；2015

年，在美国彭博新闻社（Bloomberg News）发布的"全球创新指数"榜单上，韩国在研发经费、教育、专利等方面均位居榜首。

中国从改革开放至今同样经历了四次创新创业浪潮。 第一次浪潮产生于 20 世纪 80 年代，创业公司如雨后春笋般涌现；第二次浪潮产生于 20 世纪 90 年代，社会主义市场经济体制改革推动形成全民下海创业浪潮；第三次浪潮始于 21 世纪初，以信息技术领域涌现出创业大军为典型特征。 2014 年 9 月，国务院总理李克强在夏季达沃斯世界经济论坛（Davos World Economic Forum）上发出"大众创业、万众创新"的号召，全社会很快掀起新一轮创新创业热潮。 此后，李克强总理每到一地考察，几乎都要与当地年轻创客会面交流。 2015 年 3 月 5 日，国务院《政府工作报告》正式将"大众创业、万众创新"的高度提升为中国经济转型和保增长的两大引擎之一，充分显示出政府对创新创业的重视，以及创新创业对中国经济的重大意义。 2015 年 6 月，《国务院关于大力推进大众创业万众创新若干政策措施的意见》推出鼓励双创的 30 条意见措施。 2015 年 9 月 26 日，国务院印发《关于加快构建大众创业万众创新支持平台的指导意见》，专门就众创、众包、众扶、众筹平台建设提出一系列具体措施。 2016 年 3 月 5 日，国务院《政府工作报告》提出，打造众创、众包、众扶、众筹平台，构建大中小企业、高校、科研机构、创客多方协同的新型创新创业机制。 此后，双创工作成为常态，尤其是"全国双创活动周"作为中国双创的最大平台，有力推动了中国前沿技术成果、创新项目和创业公司的大发展。 2017 年 9 月，国务院发布《关于强化实施创新驱动发展战略进一步推进大众创业万众创新深入发展的意见》，强调深入实施创新驱动发展战略，将双创推向更大范围、更高层次、更深程度，光靠众创空间、双创基地还不够，更重要的是环境，要统筹各种支持政策，进一步营造融合、协同、共享的双创生态环境。 中国于2015 年开始在国家层面制定"大众创业、万众创新"战略，作为应对经济新常态的两大引擎之一，全社会迅速形成创新创业热潮，这标志着第四次创新创业浪潮已经到来。

不难看出，双创战略不仅仅是重要国本，同时也是全球趋势。 2017 年，联合国大会通过决议将每年 4 月 21 日指定为世界创意和创新日（World Creativity and Innovation Day），并呼吁各国响应"大众创业、万众创新"发展战略，这表明中国理念正在成为创新创业全球化和实现可持续发展的重要共识。

（本文摘选自刘志阳编著的《众创空间：创新型社会新群落》，该书由社会科学文献出版社于 2017 年 11 月出版，并经由作者整合相关资料重新编辑整理而成。）

云创业
CLOUD VENTURE

无生态，不成气候

Chapter
08

在双创产品线层面，弘信创业工场已经落地布局出云创智谷、云创蓝谷和云创漫谷，并将在未来持续诞生新物种；在双创平台演进层面，弘信创业工场已经完成了从园区到社区再到城市创新中心的全过程演进；在双创空间格局建构层面，弘信创业工场正有节奏地推进百城智谷战略落地；在外部多样化资源要素整合层面，弘信创业工场通过云创业生态圈大合伙人计划持续强化资源要素整合宽度与广度；在全球创新资源要素链接层面，弘信创业工场通过引进来和走出去并举的方式，为云创业生态圈持续注入创新动能。

在 18 年的创业历程中，弘信电子、弘信博格和弘信物流的阶段性成功意味着弘信创业工场内部创业机制的成熟，移动智能终端制造全产业链整合突围的成功意味着弘信创业工场完全具备了全产业链整合能力，而全国首个云创智谷的成功运营则意味着弘信创业工场初步建构起平台型企业经营能力，但在李强内心深处，弘信创业工场真正的梦想是要以云创业模式为底色打造出中国最佳创新创业生态圈。 从企业到产业到平台再到生态，弘信创业工场的演进轨迹完全契合不确定性和不连续性时代环境下创新型企业的战略发展路径。

从云创智谷到云创蓝谷，再到云创漫谷

作为大连海事大学毕业的杰出校友，李强一直非常关心母校的发展，只要有机会都会回到母校与学校领导及师生交流。在了解到学校科技成果转化效率不高时，李强萌生出借助弘信科创通过云创智谷落地成型的双创园区运营模式，与大连海事大学合作共建聚焦于海洋科技创新领域双创园区的想法，并很快得到学校领导层的积极响应。 作为在全球航海领域拥有广泛知名度的高水平院校，大连海事大学拥有巨大的品牌影响和前沿科研能力，如果能够与弘信科创已经运营成熟的云创业模式有效结合，将完全有可能通过优势互补实现大连海事大学科技园的高效运营。

2017 年 5 月，弘信创业工场与大连海事大学正式签订战略合作协议，按照"优势互补，资源共享，务求实效，合作共赢"的原则，围绕大连海事大学科技园（云创蓝谷）共建、技术交流与科技合作、人才培养、科技成果转化、海洋科技成果产业化等内容展开实质性合作，全力打造智慧海洋产业多点聚集区，努力构筑科技创新人才高地，并积极推进云创蓝谷在沿海港口城市及"一带一路"沿线国家展开布局。 目前，由重庆市政府出资建设的首个占地 60 亩、建筑面积达 7 万平方米的云创蓝谷选址重庆市江津区，围绕龙头企业中国船舶重工集团有限公司聚焦海洋工程设备领域打造创新创业园区。"接下来，我们马上要在广东与广西展开布局，相关前期工作已经在进行之中。"时任大连海大科技园有限公司总经理杨辉说。

2016 年以来，随着以科技创新为主题的云创智谷的成功运营，云创业模式的落地思路基本成型并经过实践验证。 此时，以重视文化教育和文创产业发展闻名的厦门市集美区，也开始与弘信科创洽谈合作运营创新创业园区，但希望园区主题围绕文化创意产业而非科技创新。 由于有云创蓝谷的合作经验，对弘信科创而言，双创园区虽然主题不同，但基本落地思路却可以完全相同。 2017 年 11 月，弘信创业工场与厦门市集美区政府正式签订合作协议，在集美区涌泉工业园划地 205亩共同打造厦门规模最大的文化创意产业集聚区——云创漫谷，并清晰地将园区产业聚焦定位于动漫、影视和游戏三大垂直领域。

按照弘信科创业已形成的云创业模式落地运营思路，首先要做的就是引入行业龙头企业。 凭借着强大的资源整合能力，弘信科创很快在动漫领域引入了国内规模最大的动漫营销公司——功夫动漫股份有限公司，在游戏领域引入国内唯一集游戏软件研发、交易、连锁经营、电子商务于一体的游戏产业平台——杭州天下游戏科技经营管理有限公司，在影视领域引入在东南沿海地区拥有广泛影响的传媒集团——厦门文广传媒集团有限公司。 随着龙头企业陆续签约到位，弘信科创开始逐步以它们为支点整合产业链资源，并同步布局垂直领域众创

165

空间，进而在未来逐渐裂变演化成生态圈。

　　"云创漫谷占地面积 205 亩，是云创智谷的 4 倍；建筑面积 18 万平方米，是云创智谷的近 2 倍；而且，其中规划设计有 5 万平方米生活配套区，从而为未来从园区演进为社区创造有利条件。"厦门涌泉云创漫谷产业园有限公司总经理钟平文说，"同时，在云创漫谷旁是一个村庄，如果未来发展得好，我们还有机会进一步拓展成为文化创意小镇。"由于已经获得国家发改委专项引导基金支持，云创漫谷全面升级为国家级文化创意产业园区。　目前，云创漫谷还处于全面规划、建设与招商过程中，但园区认租比例已经超过 50％。

从园区到社区，再到城市创新中心

　　虽然在众多参访的政商学界人士眼中，厦门云创智谷的运营管理非常成功，但在弘信科创看来，它只是云创业模式落地生根的试验田，因此必然也只是以云创业模式为底色的双创园区的初级阶段，在弘信科创内部被定义为——双创生态 1.0 版。　在这个阶段，创业公司更多享受到的是如公司注册、代理记账、人事代理、政策咨询、品牌推广、集中采购、IT 服务、办公空间租赁等基础性的创业服务，以及物业及生活等园区配套服务，虽然也有更为深入的创业服务和投融资服务，但对园区创业公司的整体渗透程度还不够深。　更重要的是，由于占地面积有限，厦门云创智谷并没有为创业公司创业者及其员工规划出居住空间，因此无论如何运营也只能算是双创园

区，而无法成为双创社区。 但即便如此，厦门云创智谷在弘
信科创发展历程中依然扮演着至关重要的核心角色，因为它不
仅是云创业模式全面落地运营的探路者，而且也正是在厦门云
创智谷的发展过程中，弘信科创才真正背靠弘信创业工场逐步
自建起全程创业服务体系，并在全国打响云创智谷品牌。 因
此可以说，厦门云创智谷不仅近乎完美地扮演了双创生态 1.0
版的开拓者角色，而且为弘信科创探索出了可以快速复制的连
锁经营模式，进而为未来发展奠定坚实基础。

正是因为充分借鉴了厦门云创智谷的运营经验，云创漫谷
在规划过程中特别划出 5 万平方米建筑面积布局为园区居住空
间。 有了充裕的居住空间，园区将不仅留下创业公司创业者
及其员工的工作时间，也必然将留下他们的生活时间，而留下
生活时间则意味着吃喝住用行娱乐等多维生活需求亟待满足，
进而逐渐将园区运营带入到社区运营的全新发展阶段，社区运
营阶段也因此被弘信科创定义为——双创生态 2.0 版。

在众多参访厦门云创智谷的政府访问团中，湖北省荆门市
政府代表团对云创智谷双创生态的发展逻辑高度认同，并决议
给出最为优厚的政策资源邀请弘信科创落户荆门，打造荆门云
创智谷，双方于 2016 年 6 月正式签订框架合作协议。 在弘信
科创最初的规划设想中，只是在荆门市东宝区与政府合作运营
建筑面积为 1 万平方米的荆门云创智谷，但在不久后，处于高
速发展中的弘信电子亟须全新的生产制造基地，在荆门市政府
的极力邀约下，弘信电子旗下弘汉光电背光模组项目制造基地
于 2017 年 1 月正式落户荆门。 在这个过程中，弘信科创经营
团队脑洞大开：如果同时在荆门拥有双创园区和产业园区，那
将会是一个什么样的场景？ 产业园与双创园是否可以协同并

进？ 最终经营团队通过碰撞建构出全新运营模式：一边是重资产的产业园，一边是轻资产的双创园；产业园提供项目与市场，双创园围绕产业园展开创新创业活动，二者协同共进，相得益彰；与此同时，由弘信科创与荆门市政府共同配套一支股权基金和一支债权基金，全面嵌入到两个园区的互动过程中，进而为创新创业活动注入"核能量"，这样不仅可以为双创活动提供金融支持，也能够在这个过程中获得相应收益。 这个全新模式被弘信科创定义为——城市创新中心，也即双创生态3.0版。"在这个过程中，弘信科创与当地政府共同搭建起三个平台，首先是双创平台，其次是产业平台，第三是投融资平台，三个平台相互支撑，共同建构出城市创新中心。"弘信科创首席行政官王操红说，"弘信科创导入产业资源和创新能量，政府在政策和金融上提供强力支持，二者合力同心，必定成功。"2017年7月3日，荆门云创智谷正式开园运营，弘汉光电背光模组项目批量投产，弘信电子智能制造产业园也于同日全面开工建设。 由于成功整合过移动智能终端制造全产业链，在李强的号召以及弘信电子带头开工建设产业园的带动下，链条上的相关企业也纷纷选择入驻荆门电子信息产业园抱团发展，并与荆门云创智谷逐渐建立起良性互动。 经过一年多的精心运营，由移动智能终端制造产业园和云创智谷共同构筑出的城市创新中心已经成为荆门市创新创业活动的一面旗帜。 事实上，创新创业不仅是工作，更是一种生活方式，由弘信科创主导运营的城市创新中心，正在逐渐将这种生活方式变成现实。

百城智谷

随着中国经济的发展动能从投资驱动转向创新驱动，从规模增长转向高质量增长，创新与创业早已不是一城一地的发展战略，而是举国经济的转型大计，这也正是李克强总理发出"大众创业、万众创新"号召的题中之意。 也因此，创新创业服务迅速在国内成长为一个极具潜力的新兴业态，弘信科创也以其独具特色的云创业模式成为其中一支重要力量。 随着厦门云创智谷的成熟运营逐渐锻造出强势品牌效应，全国各地数十个地区的政府机构纷纷邀请作为双创生态运营商的弘信科创在当地落户运营云创智谷，弘信科创百城智谷的既定发展战略由此正式迈入落地运营阶段。

在弘信科创的战略规划要义中，百城智谷绝不简单是为了规模，真正的目的在于构建创新创业生态圈。 既然是要构建生态圈：首先，各地园区必须要有异质性资源禀赋差异，否则最终将只是量的积累而无法发生质的改变；其次，各地园区还必须建构起梯度资源落差效应，因为只有形成梯度落差，各类资源要素才能够流动起来，进而实现互联互通；最后，既有禀赋差异，又有梯度落差，结合各地园区各自的精准定位，才能真正营造出有利于各类资源要素发生融合化反效应的大环境，进而在生态圈内持续发酵，不断激发创新创业活力。 正是因为有着清晰的战略布局思路，弘信科创很快在与国内各地政府机构的合作洽谈中快速锁定数十个合作区域，并且初步建构起囊括一二三四线城市在内的资源禀赋差异和梯度落差效应。
截至目前，弘信科创已经与深圳、厦门（3 个）、大连、重庆、
南宁（3 个）、荆门、资阳、赣州、钦州等地政府签订合作协
议，深圳、厦门、荆门、资阳、赣州、南宁等地云创智谷已经
开业运营。 其中，2018 年 5 月 23 日开业运营的深圳云创智谷
暨深圳市福田区人工智能城市创新中心极具标志性意义，它将
在百城智谷生态中扮演前沿科技牵引动力的重要角色。 此
外，北京、上海、南京、青岛、成都、武汉、南昌、昆山、漳
州、柳州等地政府也正在积极洽谈合作事宜。 目前，弘信科
创已在全国范围内高效运营不同主题、不同形态和不同规模的
双创生态园区面积超过 100 万平方米。

图 8-1 荆门、赣州、资阳、南宁、深圳云创智谷开业运营

弘信科创深知，要想在具体运营过程中真正打通百城智谷，让资源要素实现互联互通，就必须成体系地运营能够有效满足创业公司需求的系列产品，并以这些产品为介质逐步建构起生态运营模式。于是，在厦门云创智谷开园之初，弘信科创就初步规划出包括传送门计划、遇见黑科技、创享计划、云创家园卡和联盟企业社区等在内的五大系列产品，逐步打通陆续开业运营的各地园区。其中，传送门计划指的是借助百城智谷形成的全国网络布局，帮助有需要的园区创业公司同步将市场快速拓展到全国；遇见黑科技指的是各地云创智谷都是园区创业公司开发出的高科技创新产品的集中展示平台，在园区的各个角落都能够遇到黑科技产品，进而同步完成市场营销推广，典型案例就是厦门云创智谷正在应用的人脸识别系统；创享计划指的是园区创业公司只要是到百城智谷布点城市出差办事，都能够享受由当地云创智谷提供的会议室、工位和本地社会资源等商务支持，进而在异地也能享有主场之便；云创家园卡则是全国云创智谷一卡通，持卡人能够在百城智谷享受身份识别、消费缴费、业务结算等便捷通道；联盟企业社区指的是百城智谷创业公司能够共享联盟企业数据资源，通过参加各类线上线下活动，在企业之间促成合作交易，同时整合政府及资本参与其中。

"以传送门计划为例。其实很多创业公司都有异地发展的需求，但单枪匹马不仅成本高而且风险也很大，各地云创智谷就可以先给它们打先锋，将产品和服务先带过去，如果经过市场验证真的在当地有需求，那时创业公司再过去布点，这样往外走的成功率就会高很多。"原弘信科创首席运营官李为巍说，"在资阳云创智谷就有一家生产幕布的创业公司，创始人廖长存从深圳返乡创业，虽然产品拥有国家专利但却一直卖不出去。于是，我们通过南宁云创智谷做了推广，很快便在当地找到代理商，现在这家公司的主要客户都在广西。"事实上，虽然目前开业运营的云创智谷还不多，但已经让很多创业公司受益良多。例如，厦门云创智谷的功夫动漫和漫客工场跟着弘信科创落户到深圳、荆门、赣州等地的云创智谷，爱基因跟着落户到荆门云创智谷，蝌蚪生态空间则跟着落户到赣州云创智谷，而聚焦于青少年科技体验教育的中视科普教育科技有限公司由于有全国市场拓展需求，因此云创智谷开到哪里就跟到哪里……这是因为只要有云创智谷打先锋，创业公司一到当地就能享受到最优政策支持，进而在当地赢得最优发展环境。在这个过程中，云创智谷也变得更受各地政府欢迎，因为能够迅速引进品质优良的创业公司，进而全面带动当地的创新创业氛围。随着百城智谷渐次开业，云创智谷将逐渐演变成为一个类似万达广场的双创生态运营商（图 8-2），每到一个地区开业运营都有基本盘支持，包括弘信创业工场控股产业、云创系投资参股公司和云创系联盟企业，加上本地创业公司的入驻，很快就能营造出浓烈的创新创业氛围。

毋庸置疑，在三四线城市的创业者确实挑战更大，因为几乎没有任何创业服务机构能够为他们提供支持，而且政府在双创政策制定等方面也更不容易，最终的结果常常是雨露均沾，看似大家都享受到政策支持，事实上都没有享受到真正有力度的政策支持，因此政府在激发大众创业万众创新方面常常束手无措。然而，创新创业绝非一二线城市专属特权，三四线城市的创新创业热情未必就比一二线城市差，通过有效整合一二三四线城市各自优劣势，并最终实现协同创新、共同创业才是

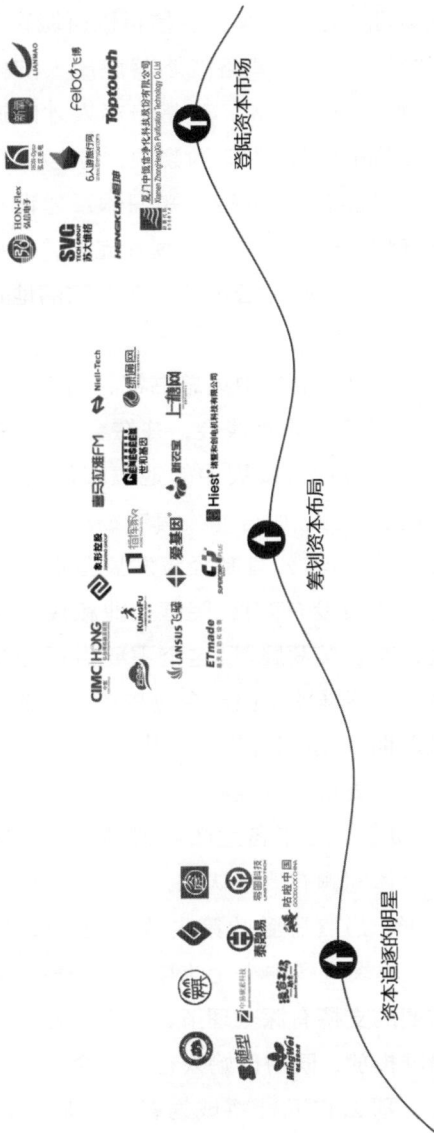

图8-2 云创生态圈资本布局

举国双创的真正内涵，也完全契合弘信科创百城智谷布局和运营的基本逻辑。"目前，百城智谷战略落地最大的挑战在于双创运营人才的紧缺。简单来说，就是培养人才的速度跟不上云创智谷在全国布局的脚步。"李为巍说，"其实，弘信科创早在2016年8月就已经启动云创智谷知识体系建设和运营手册编撰，经过两年沉淀，相关工作已经基本完成，未来我们将会加快人才培养步伐，从而确保云创智谷在全国落地过程中既不变形也不变样。"

2018年11月1日，中共中央总书记、国家主席、中央军委主席习近平召开民营企业座谈会，并在会上明确指出："非公有制经济在国家经济社会发展中的地位和作用没有变！国家毫不动摇地鼓励、支持、引导非公有制经济发展的方针政策没有变！国家致力于为非公有制经济发展营造良好环境和提供更多机会的方针政策没有变！民营企业和民营企业家完全可以吃下定心丸，安心谋发展。"这个重要讲话让举国民营企业家感到欢欣鼓舞，不难预见民营企业将在困难的经济形势下迎来巨大发展机遇期。但习近平同时也一针见血地指出："国家近年来出台了很多支持民营经济发展的政策，但落实不好、效果不彰。"确实如此，由于各地政府很难对众多民营企业和创业公司存在的具体问题有清晰认知，因此很多政策在落地过程中容易走偏变形，最终导致政策失效。因此，如果能有一个平台，它不仅能集聚众多中小企业和创业公司，而且对它们存在的问题和需要的支持有深刻理解，进而能够实现政策资源的高效转化和精准投放，同时创始人在具备企业家精神的同时又极具家国情怀，那么它无疑将成为各地政府最佳的合作伙伴。显然，由弘信科创运营锻造出的百城智谷双创生态完全具备以上特征，因此受到各地政府的青睐。

延伸阅读8-1

关于区域创新集群发展模式

1999 年，由经济合作与发展组织（Organization for Economic Co-operation and Development, OECD）出版的《集群——促进创新之动力》研究报告中首次系统地提出"创新集群"（innovative clusters）的概念。 2001 年，经济合作与发展组织通过对美国、日本等国创新集群现象的系统研究，再次出版研究报告《创新集群：国家创新体系的驱动力》。 这两份研究报告标志着创新集群理论正式问世，并成为区域产业集聚发展的重要模式之一。 此后，创新集群理论在全球各地的创新实践过程中逐渐形成三种模式：自下而上型、自上而下型和混合型。

自下而上型创新集群自发生成，即在特定条件下（例如在传统产业集群基础上）通过持续创新自发演化而成。 在创新集聚机制作用下，区域创业氛围浓厚，创业环境优良，创业公司不断涌现，而且具有很强的创新发展能力。 在自下而上型的创新集群发展模式下，相关企业、研究机构、创新创业服务机构等有着良好的信任与合作关系，而且都拥有独立决策能力，受外界影响较小。 与此同时，政府通常不予干预，而是将工作重心放在优化金融、税收、人才资源等创业环境要素上。自下而上型的创新集群完全依赖市场原动力驱动演化，主要通过市场自优化完成进化，需要较长周期才能达到理想状态。

相反，自上而下型创新集群主要通过国家或地方政府主动培育生成，政府通过调配资源统一规划、投资和建设，宏观层面由政府主导管理，微观层面由企业自主发展，政府深度参与并发挥领导作用是自上而下型创新集群发展模式的主要特征，因此建设周期较短并且前期发展较快，但最终能否实现政府预期目标取决于战略规划和落地策略是否正确。 与上述两种模式不同的是，混合型创新集群既让企业充分施展市场敏锐性强和经营灵活性大的优势，同时政府又能够发挥宏观调控作用，二者双管齐下实现创新要素集聚。 在混合型创新集群发展模式下，政府首先必须有能力科学准确地做出区域产业集聚战略规划，而后着力完善相关软硬件环境建设，通过持续引入目标企业入驻带动而逐渐形成创新集群。

总体而言，创新集群是一个复杂的网络系统，网络节点数量及节点之间关系的变化贯穿创新集群演化全过程。 作为知识经济时代锻造区域竞争力的高效方法，创新集群能够为区域塑造创新型经济发展模式提供有效载体，其中，高品质的创新创业服务平台和创新型高科技企业是催生创新集群的关键要素。

（本文摘选自《创新集群建设的理论与实践》课题组编著的《创新集群建设的理论与实践》，该书由科学出版社于 2012 年 6 月出版，并经由作者整合相关资料重新编辑整理而成。）

大合伙人

绝大多数与李强有深交的企业家朋友都对他有一个共同的

评价——具有超强的资源要素整合能力。 但在李强自己看来却还远远不够，因为他所建构和经营的是一个生态，而不是一家企业。 海纳百川，有容乃大，之所以擅长整合别人是因为也愿意被别人整合。 逐步搭起生态架子的弘信科创，未来必须具备持续吸附多维度海量资源要素的独特能力。 于是，受到私董会模式的启发，李强联合各界翘楚于 2018 年初正式启动云创业生态圈大合伙人计划，首批大合伙人成员包括：广东前润并购投资基金管理有限公司董事长向阳(资本合伙人)，厦门盈趣科技股份有限公司董事长吴凯庭(智能产业合伙人)，深圳赛伯乐华创投资有限公司总经理王伟(医疗产业合伙人)，弘信创业工场投资集团董事长李强(产业合伙人)，北京磁云数字科技有限公司董事长李大学(IT 技术合伙人)，华祥苑茶叶股份有限公司董事长肖文华(文创产业合伙人)，嘉晟集团董事长李冬敏(供应链管理合伙人)，功夫动漫股份有限公司董事长李竹兵(文创产业合伙人)，厦门乃尔电子有限公司董事长刘瑞林(智能产业合伙人)，深圳深越光电技术有限公司董事长毛肖林(智能产业合伙人)，盘古智库理事长易鹏(智库合伙人)，平安国际智慧城市科技股份有限公司董事长俞太尉(智能产业合伙人)，厦门如意家庭文化建设促进中心创始人付松立(企业文化合伙人)等。

在李强看来，合伙人是一伙拥有共同目标的人在企业内部共创大业的人，而大合伙人则是一群各自都已经有自己的成功事业，但同时又聚在一起共谋大事的人。 云创业生态圈大合伙人计划运行的基本原则是：以梦想合，以理念合，以资源合，以利益合，同时去中心化，互为合伙人，共享私董会。李强指出，传统的合伙人模式过于封闭，不利于企业在更大范

图 8-3　李强联合各界翘楚于 2018 年初正式启动
云创生态圈大合伙人计划

围内整合资源要素，启动大合伙人计划主要出于将云创业平台进一步对外开放的想法。由于大合伙人都是各行各业的杰出人士，因此联合在一起后必然将集聚起超强能量。"简单来说，合伙人模式是一个大聪明人带着一群小聪明人在一起创业，大合伙人计划则是一群大聪明人汇聚在一起共襄盛举。"李强说，"我们有一个基本原则，那就是在一起做事先不求回报，大家将资源要素集聚起来帮助某个大合伙人将事情做起来后，再去谈利益分配。"

不难看出，大合伙人计划的基本逻辑是汇聚众人之力于一人之身，进而真正帮助当事人解决企业发展过程中遇到的巨大难题，并且在运行过程中呈现出三个典型特征：首先是去中心化，大合伙人计划没有领导者和中心，谁是当事人谁就成为中心；其次是共享私董会，大合伙人计划本身就是一个私董会组织；再次是集中优势资源打歼灭战，这也是大合伙人计划最大的特色，即不仅在一起激荡脑力互为决策参谋，而且充分共享资源能力，一起真正为当事人解决难题。也正因如此，大合伙人计划成员必须相对异质和多元，进而能够真正整合到企业发展过程中各个维度上最好的资源要素。

"加入大合伙人计划后，我们常常会收到大家提供的合作信息，在不到半年时间内，这至少已经为功夫动漫带来 2 亿元业务量。而且，最近刚有一个大合伙人投资了功夫动漫，另有一个大合伙人要推荐优秀企业展开合作，弘信创业工场则不断帮助我们遴选优秀人才……在我看来，大合伙人计划就是一个大资源整合平台，能够明显感觉到大家都在为功夫动漫的发展提供助力，就像一个齿轮组一样将功夫动漫迅速带动起来。"作为云创业生态圈大合伙人计划首个助推对象，功夫动漫股份有限公司董事长李竹兵深有体会。"其实，大合伙人计划的理念非常清晰，就是必须愿意开放企业让所有人来帮助你，同时也愿意贡献自己的力量去帮助所有其他成员企业。"李强说，"虽然不是一个紧密型组织，但慢慢地也会形成一些规矩，最终目的在于通过共同汇聚力量促进每个大合伙人事业的发展。"

虽然大合伙人计划是一个相对松散的组织，但也远胜过之前的完全没有组织。随着在运行过程中慢慢彰显出的巨大能量，大合伙人成员之间的凝聚力也必将越来越强。在这个过程中，弘信科创因为其生态特性，能够交互和融化的大合伙人能量也必定最多，从而为逐步搭建起来的云创业生态圈储存起海量多样化资源要素，并最终分别在合适时机与各个大合伙人渐次实现共创、共赢和共享。

全球创新资源整合

　　随着云创业模式已经基本跨越方法论沉淀和资源要素整合阶段进入创新驱动阶段，通过链接全球一流创新资源要素注入云创业生态圈势在必行。 在李强看来，创新驱动是时代赋予双创服务的全新内涵，只有进入创新驱动的良性循环，弘信科创才有可能在未来的双创服务中一枝独秀。 2018 年 1 月，首期占地面积 1400 平方米的厦门自贸区（云创智谷）离岸创新创业基地正式启动运营，基地全面打破地域限制，打通境内外双向人才流动通道，按照区内注册、海内外经营的基本思路，积极与硅谷（Silicon Valley）、悉尼（Sydney）等地洽谈设立海外预孵化基地，为海外人才、技术、项目等提供前置性和专业化的成果预孵化和技术转化服务。 与此同时，为了解决海外高层次创新人才回国创业的后顾之忧，2018 年 4 月，弘信创业工场联合中锐控股集团有限公司、安踏（中国）有限公司和特步（中国）有限公司共同在厦门市集美区投资 7 亿元高标准兴建从幼儿园到高中 15 年一贯制的厦门华锐双语学校，进一步强化对海外归国英才的吸附力。 仅仅如此还远远不够。 2018 年 8 月，弘信科创在全球创新资源要素整合上再进一步，石狮市（厦门）科技离岸创新创业基地正式落户厦门云创智谷，这是福

建省第二个探索设立的海外人才离岸创新创业基地，也是打破
地域限制、打通境内外限制、构建双向人才市场、建立国际人
才流通道的重要举措。 在中国产业经济高速发展的背景下，
为助力中小企业摆脱困境，对人才孵化平台的专业性、联动
性、融合性要求日益加深，通过政府搭建的合作，以创业平台
为枢纽，建立海外科技孵化器已是潮流趋势。 石狮市（厦门）
科技离岸创新创业基地成功落地，这是石狮政府立足本市经济
发展特点，为中小企业谋求高层次发展的重要战略举措，也是
对接海外科技创新创业资源，学习吸纳国外先进技术和设备，
为提升区域整体技术创新能力而建设的区域科技创新中心。
弘信科创将建设离岸创业网上工作平台和实体服务平台，通过
线上、线下联动，将离岸孵化器建设成为海内外创新资源集
聚、创业孵化发展的空间平台。

延伸阅读8-2

用开放式创新应对复杂商业环境

开放式创新是一种全新的管理范式，它最初脱胎于美国和
日本高新技术行业的实践和研究。 随着全球进入知识社会的
新世纪，不拘一格地运用来自公司内部和外部的创意和知识显
得比以往任何时候都更加重要。 相应地，人们开始从管理的
各个方面分析和讨论开放式创新，包括战略定位、价值链、商
业模式、核心竞争力、知识创造与管理等。

从学理上来说，开放式创新是一种广为分布的创新流程，
它以有意识地管理整个组织边界内的知识流为基础，运用利益

机制和非利益机制配合企业商业模式进行创新。 换言之，开放式创新的主要特点之一是运用知识，不但包括企业内部知识，也包括企业外部知识来引入新事物。 这个新事物可以是新产品、新服务，甚至可以是一种新商业模式。 从这个意义上来说，开放式创新和常规创新产生的结果是相同的，不同之处体现在它是开放式的，并不囿于企业边界之内，甚至超越企业边界，创新所运用的知识和创新产生的知识在组织边界内外俯拾即是。

在过去，大多数企业选择了这样一条道路：它们将知识封锁在组织边界之内，如同置于"暗箱"之中，并认为这些知识是使公司保持卓越的法宝，可以提升企业价值，维持企业核心竞争力，进而获得差异化竞争优势，这种思维方式也会导致企业认为来自组织外部的知识毫无价值。 在 21 世纪的前 10 年，"暗箱策略"确实很有效，将知识封锁在企业价值链内部，可以获得很高的投资回报。 但从 2010 年开始，全球创新开始从产品向服务转移，随着信息通信技术的普及、企业更加全球化，以及用户需求变得更加复杂，很多产品已经无法完全实现公司向用户承诺的价值主张，而必须配套与业务模式相关的服务。 在这样的经营背景之下，企业必须将价值链从纵向扩展为横向，从封闭的线性系统扩展为开放、复杂的生态系统，由相互争夺转变为相互包容。

表 8-1　封闭式创新、开放式创新和开放式创新 2.0 三种范式特质比较①

封闭式创新范式	开放式创新范式	开放式创新 2.0 范式
从属性 （dependency）	独立性 （independency）	互依性 （interdependency）
转包/分包 （subcontracting）	交叉许可 （cross licensing）	互育 （cross fertilisation）
单独 （solo）	集群 （cluster）	生态系统 （ecosystem）
线性 （linear）	线性/泄露性 （linear, leaking）	非线性互动 （mash-up）
线性转包/分包 （linear subcontracts）	三重螺旋 （triple helix）	四重螺旋 （quadruple helix）
规划 （planning）	验证 （validation）	试验 （experimentation）
控制 （control）	管理 （management）	协调 （orchestration）
输赢规则 （win-lose game）	双赢规则 （win-win game）	多赢规则 （win more-win more）
盒子思维 （box thinking）	盒外创造思维 （out of the box）	无盒思维 （no boxes）
单一实体 （single entity）	单一学科 （single discipline）	跨学科 （interdisciplinary）
价值链 （value chain）	价值网 （value net）	价值星系 （constellation）

---

① 资料来源：European Commission. Open Innovation Yearbook 2014［R］.European Union，2014：21。

　　然而，常规的管理理论无法完全解释这种变化，因为这些理论基于新古典经济理论，倡导充分竞争和市场供需平衡，开放式创新概念应运而生。开放式创新解释了打开"暗箱"的过程和结果：知识的共享如何翻越企业围墙，实现基于事件的价值创造。这一概念还可以解释公司、客户、研究人员、政府之间，以及各个群体内部如何共同创造用户的价值观。市场上的众多竞争压力不复存在，代之以创造合作关系、实现共同利益和目标而形成的合作力量，我们可以称之为商业生态系统。

　　在一个全球化的复杂世界里，我们需要一个能够帮助我们实现多赢结局的理论。因此，我们需要一个更加包容的商业模式，让所有利益相关方都受益，而开放式创新恰好可以解决这个问题。开放式创新能够将商业生态系统内的各种知识整合在一起，创造出让各方利益相关方都能受益的新知识。我们今天所生活的生态系统非常复杂，事物之间在多个层面上相互影响，各种关系不断发生变化。在这样的经营环境下，企业的利益相关方之间以及它们与外界之间必须共享各种创意和知识，才能提升经营效率和效益，开放式创新可以解释已经存在的流程和结果。对实践者来说，则可以在实践中将这些流程制度化。

　　总之，开放式创新不是一个空洞的时髦词，而是实实在在地存在于现实商业世界之中的，并能够有效地帮助企业应对复杂商业环境。

　　（本文作者为知识管理理论提出者野中郁次郎（Ikujiro Nonaka），摘选自亨利·切萨布鲁夫（Henry Chesbrough）等编著的《开放式创新：创新方法之新语境》，该书由复旦大学出

版社于 2016 年 6 月出版，并经由作者整合相关资料重新编辑
整理而成。)

云上新生活

作为重点以科技创新为主题的双创生态运营服务商，在线
下生态元素日趋饱满的前提下，弘信科创的线上生态布局也逐
渐完善起来，其目的在于通过线上线下服务平台的高效互动，
真正为创业公司创造出最优的创业环境。 自 2016 年初首个云
创智谷落地运营开始，云上新生活(图 8-4)就已经作为配套的
线上服务平台陆续在各个园区上线运营。

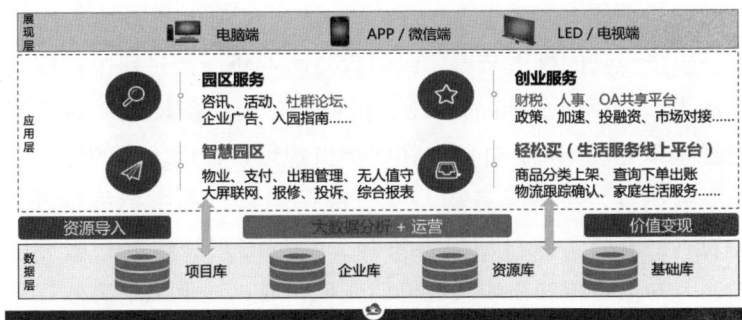

图 8-4　云上新生活线上服务平台

云上新生活的整体架构分为展现层、应用层和数据层。
其中，展现层为所有能够有效触达用户的呈现终端，包括 PC

(personal computer，个人电脑)端、APP(application，应用)端和微信端，以及园区 LED 显示屏，进而实现全端口覆盖用户。 在应用层，主要包括园区服务、智慧园区、创业服务和轻松买线上生活服务平台四大模块。 其中，园区服务主要提供基础信息服务，包括资讯、活动、论坛、广告和入园指南等；智慧园区主要提供基础办公服务，包括物业、消费支付、出租管理、无人值守、报修管理、大屏联网、综合报表等；创业服务则是在线提供包括财税、人事、OA(office automation，办公自动化)共享平台、政策咨询、加速器、投融资、市场对接等在内的基础创业服务功能；轻松买生活服务平台定位为创业公司日常办公生活用品及服务的在线集采平台。 在数据层，主要包括项目库、企业库、资源库、基础库等四大模块在内的海量运营数据沉淀，并规划在未来通过持续导入资源要素和大数据分析在线上完成价值变现。

在线上服务平台运营策略上，弘信科创依然秉持先有后优、步步为营的推进节奏，在创业公司不断反馈过程中持续优化线上服务平台。 目前，云上新生活平台在展现层和应用层已经基本完成布局，并能够在线提供规划设计模块中的绝大多数服务内容，当然服务能力还有待在运营过程中持续提升。不过，更需要弘信科创投入资源去建构的则是数据层服务能力，因为一旦能够在线实现价值变现，通过线上线下高效互动为创业公司创造最优创业环境的线上生态运营才算真正完成闭环。

重塑生态战略，蓄势引爆未来

自 2014 年底在厦门市湖里区开始兴建全国首个云创智谷，并于随后创立弘信科创作为市场急先锋在全国范围内跑马圈地以来，弘信创业工场的双创生态事业已经整整推进了四年多。 在这个过程中，恰逢 "大众创业、万众创新" 浪潮在全国如火如荼，弘信科创也开足马力快速狂奔，在快速奔跑中持续探索与试错，多个双创园区全面开业运营，并在运营推进过程中不断回顾和总结经验。 2018 年底，在李强的倡导下，弘信创业工场决定全面复盘弘信科创过去四年的探索经验与经营得失，在全体高层的细致研讨与激烈辩论的基础上，弘信创业工场全面重塑双创生态经营战略，并为未来发展给出清晰的指导思想和经营方向。

首先，在过去四年的双创园区拓展与运营过程中，弘信创业工场发现在全国众多园区中，凡是有具体产业支撑的双创园区整体都更具活力，其中以荆门云创智谷最具代表性。 由于背靠荆门电子信息产业园及园区中的众多行业龙头企业，因此能够精准地为创业团队输出科研需求与创业方向，荆门云创智谷的创新创业活力与成功率普遍高于其他园区。 有鉴于此，弘信创业工场全面调整双创生态经营战略，全面树立以产业为龙头、孵化出创新、金融注活水、投资连纽带、园区大融合的战略指导思想，确立产业园区与围绕具体产业的专业型双创园区协同共进的全新经营策略，即以产业园区相关龙头企业为核心，为围绕具体产业的专业型双创园区定时定向定点输出科研需求与创业方向，相关创业团队依据自身能力精准承接市场需求，在弘信创业工场搭建的云创业平台上展开创新创业活动，当真正取得阶段性创新创业成果时，再由龙头企业依据自身发展需求通过收购等方式完成双创生态闭环。 在这个过程中，以上市公司为主体的龙头企业既能降低研发支出对财报的净利润影响，又能规避规模化企业普遍存在的内部创新活力不足的问题，还能在体外研发过程中发掘真正优秀的团队和人才。与此同时，相较于综合型双创园区，围绕具体产业的专业型双创园区由于更加聚焦于具体产业，创业方向更加清晰，整体创新活力和创业成功率也将获得极大提升。 例如，围绕弘信电子展开创新创业活动的弘汉光电和厦门鑫联信智能系统集成有限公司(以下简称"鑫联信")就是其中的典型代表，在取得阶段性成功后，两家企业都被弘信电子通过并购方式进入上市公司体系。 其中，鑫联信原只是厦门一家非常普通的元器件贴装工厂，在配套弘信电子的过程中，不断加大科研投入，持续提升产品水平与服务能力，最终在 2018 年被弘信电子收购纳入生产制造体系。 在这个过程中，弘信电子完善了产业配套，提高了表面贴装自给率，有效降低了成本并强化了盈利能力，鑫联信则在弘信电子的背书和加持下，继续扩大生产规模，持续提高接单水平，不断做大市场份额。

不难看出，全新双创生态经营战略是弘信创业工场已经验证成功的产业链整合思路的再次演进，只不过产业链整合围绕的是龙头企业上下游的中小企业，而全新双创生态经营战略不仅围绕龙头企业链接上下游中小企业，而且将这些企业全部聚拢在产业园区，并通过产业园区辐射和孵化创业公司群，推动构建起极具活力的双创园区。 显然，全新双创生态经营战略对龙头企业的辐射范围和引擎能量要求非常大，否则不足以支撑产业园区和双创园区协同经营的全新局面。"在全新战略要求下，我们重新定义了龙头企业，它们必须是对行业具有巨大引擎能量的大企业，上市公司在全新体系中只能被定义为核心企业。 当然，我们依然是以上市公司为关键节点，通过它们去链接真正的龙头企业和辐射上下游中小企业，并通过聚拢在产业园区共同引爆双创园区的活力，推动一大批创业公司快速成长，最终形成'大企业顶天立地，小企业铺天盖地'、全产业链大中小企业及创业公司共创共赢共享的欣欣向荣的全新局面。"弘信创业工场总裁办总经理颜建宏说。 由于全新双创生态经营战略对产业引擎动能要求很高，弘信创业工场前期将紧紧围绕集团旗下具备一定产业优势的移动互联、人工智能、交通物流、医疗健康、教育文创等五大产业先行推进，分别依托弘信电子、厦门弘信人工智能科技有限公司、弘信物流、弘信博格等核心企业，通过链接龙头企业和上下游中小企业及创业公司，共同构建起龙头企业和小微企业联动发展的"1＋5＋N"的云创业生态圈全新经营格局(图 8-5)，并将围绕产业基金规模过百亿、工业产值过百亿和服务业投资过百亿的战略目标，全面推进全新双创生态经营战略的落地运营。

以医疗健康产业为例，弘信博格以融资租赁为入口，通过链接综合性医院、专科医院、健检机构、医学科研机构及医疗类投资公司，打造医疗健康产业平台。 截至目前，弘信博格已经通过融资租赁与 100 多家医院建立了业务合作关系，未来将以医疗机构为线下场景，推动新兴医疗科技、人工智能等新技术应用，助力医疗服务质量的提升，推动医疗资源普及与均

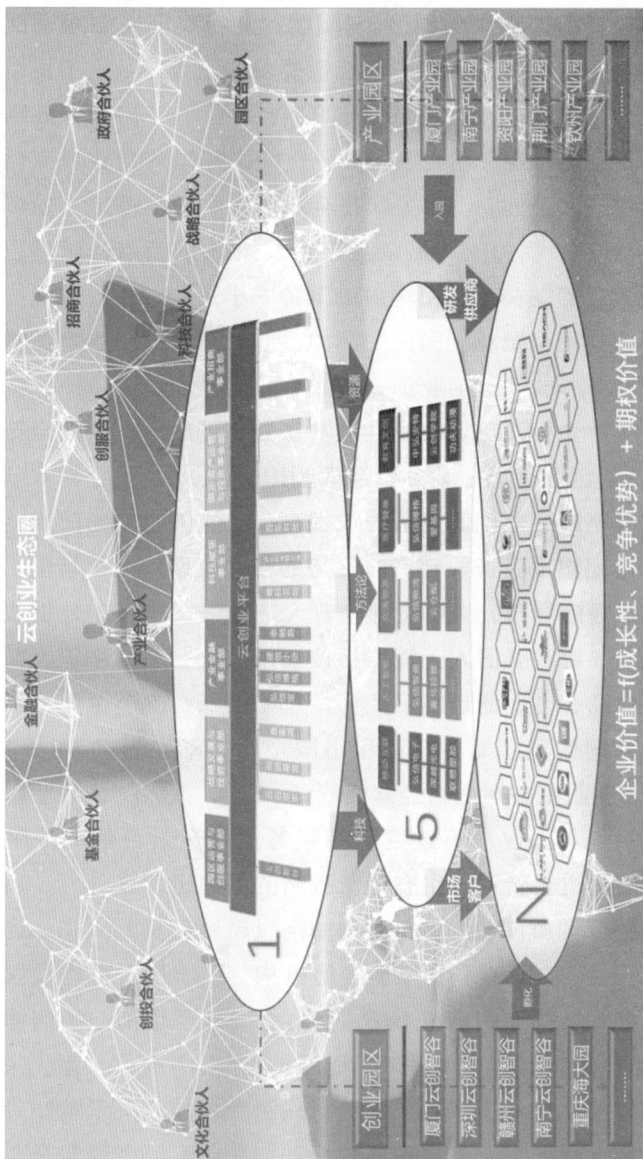

图8-5　全新双创经营战略下的云创业生态圈

等化，通过小股权、大债权形式，让企业以较少股权稀释就获得更多资本支持，同时依托云创业生态圈，推动医疗科技企业实现创新发展。 再以教育文创产业为例，为迎接海外科技人才回归大潮，弘信创业工场正在积极谋篇布局，成立高端教育平台厦门弘琪教育集团有限公司，打造 K12 国际双语教育和幼儿教育生态圈，目前除了与合作伙伴共创厦门中弘安特投资管理有限公司兴建厦门华锐双语学校之外，还以融资租赁为业务链接方式，广泛接触私立教育机构，通过投资兴建高端教育综合体，吸附高端幼儿园、托班、教育类科技创新企业入驻，推进人工智能、物联网、虚拟现实等先进技术在教育文创领域的广泛应用，全面提升教育文创产业发展水平。

其次，在全新双创生态经营战略下，为了更加高效有序地聚合集团资源，弘信创业工场全面重塑组织架构（图 8-6），以支撑全新战略的高效落地。 其中，最为关键的是重新确立弘信创业工场作为双创生态经营战略的主导角色，将其从职能型总部转型成为市场经营主体，且通过重组弘信科创，从幕后走到台前参与市场竞争，即将集团直接锻造为双创生态运营平台，通过资源优化与重组构建起园区运营与创服事业部、科技赋能事业部、产业金融事业部、战略发展与投资事业部、固定资产运营管理事业部、产业招商事业部等六大事业部协同运营，并围绕全新双创生态经营战略形成商业闭环。 其中，园区运营与创服事业部的市场急先锋角色将暂时告一段落，转由全新组建的产业招商事业部担任，但它依然是云创业生态圈向全国扩张的桥头堡，二者将共同支撑起产业大招商和园区小招商协同并进的全新发展路径。 与此同时，为实现六大事业部的高效联动与协同，由原弘信科创总经理李震牵头成立项目管

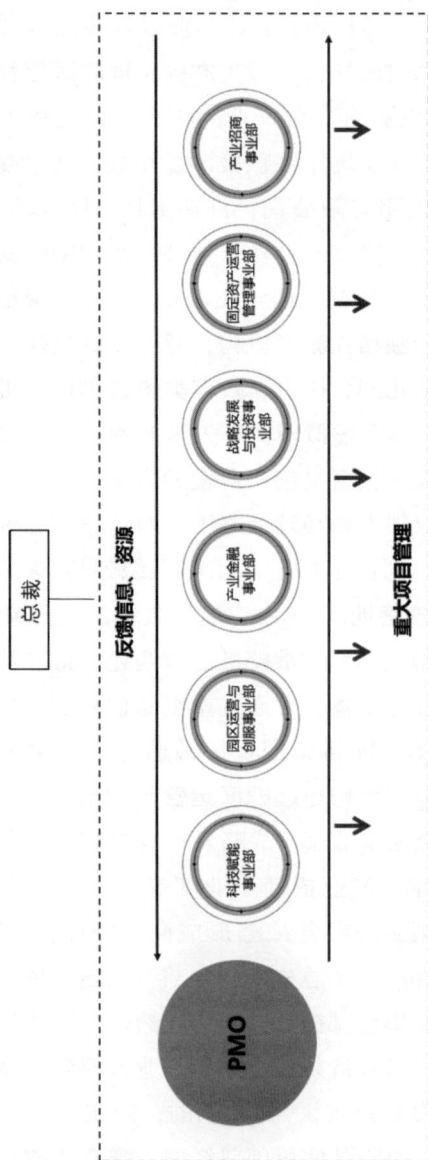

图8-6 弘信创业工场全新组织架构

理办公室（project management office，PMO）统筹集团重大项目跨事业部高效运营。"在过去，弘信科创主要扮演双创园区的市场拓展与运营角色，全程创业服务体系中的很多资源仍然集中在集团层面，由于各自都有自己的经营方向，关注点也都有所不同，因此在统一经营目标与高效协同运营层面还有很大提升空间。 经过这轮组织架构调整，集团所有资源都将紧紧围绕全新双创生态经营战略高效联动。"李震说，"并且，弘信创业工场的最大优势在于六大事业部资源布局的完整性，各自单独出击并不具备足够优势，但协同联动则优势明显，因此项目管理办公室的设立十分关键。"除此之外，产业招商事业部和产业金融事业部的成立全面确立了产业化经营在云创业生态圈中的龙头引擎作用，弘信创业工场正与中国国际投资贸易洽谈会（简称"98 投洽会"）商谈合作，共创云创投洽会招商平台，同时筹划将大合伙人计划全面升级为大合伙人联盟，持续强化产业招商能力与龙头企业链接能力；科技赋能事业部的成立则将全面强化云创业生态圈的高科技导向；战略发展与投资事业部的成立将进一步深化云创业生态圈的商业闭环能力。

最后，在这轮双创生态经营战略与集团组织架构重塑过程中，弘信创业工场还通过全面梳理总结云创业模式在内部创业阶段、产业链整合阶段和双创生态在全国跑马圈地阶段的经验和心得，结合双创生态未来发展趋势，将原有成功创业的共性资源要素理论更加清晰地重新融合提炼为资源赋能、方法论赋能和科技赋能三大体系，并通过全新组织架构调整得以实现和落地。 在资源赋能层面，弘信创业工场特别强化在金融与资本层面的资源整合强度，即在原有自建自营全链条创业金融服务体系的基础上，又分别于 2018 年底和 2019 年初与兴业银行、平安银行、中国民生银行等金融机构达成战略合作，共计获得规模达 40 亿元的综合金融服务资源，同时又通过控股北京嘉富诚资产管理有限公司与其背后庞大的家族基金开拓战略合作空间。 在方法论赋能层面，在原有完整的全程创业服务体系的基础上，与背靠上海交通大学等国内顶级名校而创立的开放式商学教育平台创合汇商学院共建云创学院，全面强化云创业方法论的沉淀与输出能力。 在科技赋能层面，主要依托科技赋能事业部，以双创园区、创业公司和建立战略合作的中小企业为赋能对象，以先进技术、科研成果转化和高科技人才输送为赋能路径，通过建立离岸孵化器及高科技资源整合与链接等方式，帮助赋能对象在技术层面建立竞争门槛，目前弘信创业工场已经与广东省科学院、中国科学院大学等机构建立战略合作，并在美国、以色列、澳大利亚、中国台湾地区等建立起高效的科技资源链接能力。 不难看出，将成功创业的共性资源要素重新整合梳理为资源赋能、方法论赋能和科技赋能，让云创业模式的赋能体系与赋能逻辑变得更加清晰具体，也让弘信创业工场能够更有重点地对生态中的创业公司完成赋能。

在双创产品线层面，弘信创业工场已经落地布局出云创智谷、云创蓝谷和云创漫谷，并将在未来持续诞生新物种；在双创平台演进层面，弘信创业工场已经完成了从园区到社区再到城市创新中心的全过程演进，未来相关园区都将持续完成版本迭代升级；在双创空间格局建构层面，弘信创业工场正有节奏地推进百城智谷战略落地，并已经初步在一二三四线城市完成资源禀赋差异和梯度资源落差布局，进而有效促进生态圈资源要素的高效流动；在外部多样化资源要素整合层面，弘信创业工场通过云创业生态圈大合伙人计划持续强化资源要素整合宽度与广度；在全球创新资源要素链接层面，弘信创业工场通过引进来和走出去并举的方式，为云创业生态圈持续注入强大创新动能。 至此，在弘信创业工场的全新双创生态经营战略驱动下，以共生、互生、再生三步走为演进节奏，一个涵盖多元化产业、多样化公司、多层次人才、多维度空间和多要素内容的、由点及线由线及面由面成体的云创业生态圈初步成型，各条产业链纵横交错，各类资源要素融会贯通，各地空间布局遥相呼应，并通过与线上生态运营平台云上新生活山鸣谷应，共同建构起线上线下高效互动的全新经营格局。 作为中国创新创业全生态整合运营平台，弘信创业工场在短短几年内完成生态搭建，除了因为其以独具一格的全新经营思路扎扎实实地走了一条少有人走的路之外，还因为它完全具有作为生态平台运营商所必须具备的利他思维——通过成就创业公司成就自己，以及由此形成的包容性与大格局。 随着弘信创业工场全新战略的逐渐落地和云创业生态圈资源要素日渐充沛，李强的以云创业理论为底色打造中国最佳创新创业生态圈的梦想正在照进现实。

延伸阅读8-3

关于创业生态系统

创业生态系统研究源于自然生态系统和创业学的结合。1935 年，英国生态学家亚瑟·乔治·坦斯利爵士（Sir Arthur George Tansley）首次提出生态系统（ecosystem）的概念，他试图以系统视角研究生物与自然环境的关系，并将生态系统理解为包含各种复杂生物体和相关栖息物理环境的集合。 生物学家对生物多样性的研究表明，与很多分散在小片土地上的生态系统相比，建立在一大片连续的土地上的生态系统更有活力，并且最有前途的生命形态通常都是以一种不可预测的方式出现在非常富饶的生态环境之中。 在组织研究领域较早借助生态系统观来解释组织的诞生、存活和成长历程的是美国学者迈克尔·哈南（M. T. Hannan）和约翰·弗里曼（J. H. Freeman）在1977 年提出的组织生态和企业种群等概念，他们从生态观视角对以往的企业适应观进行理论诠释，强调将企业群落与其赖以生存发展的外部环境加以结合。 此后，创业研究开始转化吸收组织生态学理论，并应用于研究创业活动。 1996 年，北欧创新、探索与教育研究所（Nordic Institute for Studies in Innovation，Research and Education）学者奥拉夫·R. 斯皮林（Olav R. Spilling）首次提出创业生态系统（entrepreneurial ecosystem）的概念，并用于描述市场中的创业活动，引起学界广泛关注。 随着创业研究在全球范围内迅速扩展开来，人们认识到创业活动深受创业环境及其相关主体互动作用的影响，创业生态系统日益受到学术界和政策咨询界的重视，并逐渐成为企业创新与创业研究领域的前沿课题。 创业生态系统的研究意义在于为构建创业栖息地提供理论支持，从而能够大幅提高创业成功率，促生更多高成长性创业公司，进而促进区域经济发展。

　　2013 年，达沃斯世界经济论坛通过对 1000 多位创业者的调查分析发现，可接触市场、人力资源和金融支持是影响创业活动成败最重要的 3 个因素，并指出创业生态系统由便捷市场、人力资本、金融支持、教育培训、文化支撑、大学及研究机构、基础设施、创业导师等 8 个要素主体支撑，但没有分析各个要素之间的关系及其重要程度。 美国百森商学院(Babson College)教授丹·伊森伯格等学者认为创业生态系统中各种要素的重要性不同,且它们在不同创业阶段中的作用顺序也迥异。因此,达沃斯世界经济论坛针对构建创业生态系统提出建议:创业生态系统不必同时推进所有要素建设,而要根据不同创业阶段的需求与不同创业层次的重要性合理计划和及时调整。

根据百森商学院创业生态系统项目(Babson Entrepreneurial Ecosystem Project,BEEP)的研究发现,完善的创业生态系统能够强有力地提升创业成功概率,进而大幅度增加就业机会。 丹·伊森伯格提出,创业生态系统包括可接触市场、人力资源、基础设施、政策法规、金融资本、创业文化等 6 个要素领域,他又对每个领域细分为引导、管理、早期顾客、社会规则等 12 个子领域进一步分解为包括研究机构、明确支持、分销渠道、技术培训等 50 个模块及 100 多个基础因子。 同时,丹·伊森伯格还就创业生态系统的构建提出建议:(1)鼓励政府机构和企业经营者基于自身独特优势构建创业生态系统,不要刻意模仿成功典范;(2)吸纳私营部门进入,坦诚公开地欢迎有创新精神和创新能力的私营企业和政府部门共同参与建设;(3)重点支持高潜力公司的发展;(4)必须认识到,高成长型公司并不等于高科技型公司。 不难看出,强调政策结构在创业生态系统完善建设过程中具有重要作用,这说明创业生态系统的构建是一项长期复杂的多主体协作工程。

美国布鲁金斯学会(Brookings Institution)客座学者斯蒂芬·R.科尔泰(Steven R. Koltai)等研究发现,创业公司成功不能只强调构建完整的环境因素,同时也要提升创业者能力和强化相关服务型组织的积极参与意识。 他们指出,创业生态系

197

统是围绕创业者的网络组织，由识别、培训、整合、资助、授权、激励等 6 个关键要素和企业、政府、投资机构、学术机构、非营利组织、基金会等 6 个活跃的参与者互动组成。 其中，识别适合的创业者为首要一步，然后培训那些经营管理能力不足的创业者，同时连接各个创业者以维系良好关系，并持续提供资本助力和相关政策支持，从而加速创业公司的成长，鼓励创业和尊重创业的文化氛围将会有力地促进创业活动。

决定因素			直接效应	社会效应
金融	经营	政策	企业数量	经济增长
市场	人力	设施	员工数量	增加就业
研发		文化	财富累积	减少贫困

经济合作与发展组织创业生态系统递进评估框架

对于创业生态系统的评价，经济合作与发展组织根据创业发展进程，综合考虑每个阶段的相关因素和表现绩效，从创业生态系统决定因素、创业绩效和创业社会效应进行综合评估（如图），为构建和改善创业生态系统提供衡量指标。 健康的创业生态系统能够产生良好的社会效应，创造就业机会，缓解失业状况，促进经济发展，使更多中低收入群体有机会实现创业梦想。 瑞士圣加仑大学（University of St. Gallen）学者彼得·沃格尔（Peter Vogel）认为，创业生态系统健康评估不仅要从创业过程来寻找指标变量，也需要根据不同的规模层次来观察评测。 因此，他指出根据微观创业者、中观组织机构和宏观社区三个层次来分析创业生态系统的有效性，其中个人层面的工作生活满意度和文化氛围利于产生更多创业倾向，组织层面的各个机构能够较好履行责任，社区层面的市场可接触性、基础设施完善度、金融资金服务满意度和创业教育等，共同保障创业活动的成功进行。 在一个健康的创业生态系统中，每个系统成员既能幸福生活又能为企业、社区、区域创造价值。 彼得·沃格尔也对构建创业生态系统提出五点建议：（1）每一个创业生态系统都是独特的，应该结合本地区的优劣势认真分析，无须刻意模仿；（2）基层创业者要和顶层政策设计者努力合作，不要抵触公私合营；（3）尽量让各项工程并行推进，基础设施建设、规则条例拟定等并行推进效果显著；（4）创业过程是一个复杂的迭代过程，需要灵活的监管机制；（5）培养创业文化氛围，尊重创业者和鼓励创业有利于让更多人投身创业活动。

　　（本文作者为项国鹏等，摘选自《创业生态系统研究述评及动态模型构建》，原文刊发于《科学学与科学技术管理》第37卷第2期，并经由作者整合相关资料重新编辑整理而成。）

云创业
CLOUD VENTURE

那些花儿

Chapter
09

创业者都是一群无可救药的乐观主义者，任何至暗时刻对他们而言都是光明前兆，他们在弘信创业工场建构出的创新创业生态圈土壤中播种、发芽、成长、丰收。在这个过程中，成功与失败并存，痛苦与喜悦交织，汗水与泪水相融，但本着对创业梦想的共同向往，他们始终一如既往，也一往无前。正因此，唯有他们才是大众创业万众创新时代最可爱的人。

随着云创业模式在云创智谷的成功落地，弘信创业工场双创生态产品线的日渐丰富和持续迭代，百城智谷战略布局和全维度资源整合工作的渐次展开，以及与线上生态运营平台云上新生活的相互呼应，一个崭新的创新创业生态圈逐渐涌现成型，并在运营过程中日臻完善。于是，在生态圈中很快浮现出一批优秀创业者及其创立的优质创业公司。他们在生态圈的土壤中播种、发芽、成长、丰收，在这个过程中，成功与失败并存，痛苦与喜悦交织，汗水与泪水相融，但本着对创业梦想的共同向往，他们始终一如既往，也一往无前。创业者都是一群无可救药的乐观主义者，任何至暗时刻对他们而言都是光明前兆。正因此，唯有他们才是大众创业万众创新时代最可爱的人。

功夫动漫

2008年，在国内小有知名度的动漫设计师李竹兵在福建省泉州市创立泉州功夫动漫设计有限公司（以下简称"功夫动漫"），从此开始追逐自己用创意创造商业价值的原创动漫之梦。然而，一直梦想着能够制作出国内顶级原创动画片的功夫动漫却很快在2010年陷入破产危机。于是，李竹兵开始深入反思功夫动漫既定的原创动漫发展道路，并开车奔赴全国各地调研。跑了一圈回来后，李竹兵彻底醒悟，下定决心不再带领功夫动漫闷头蛮干，而是必须结合市场需求。在看到泉州制造业企业营销模式高度同质化的现状后，李竹兵完全放弃原创动漫发展道路，并重新确立以动漫嫁接传统产业的全新发展路径。不难看出，经过重新定位后的功夫动漫已经完全不再是一个悬在空中天马行空造梦的原创动漫机构，而是一家踏踏实实与传统产业相结合且完全为了生存下去而奋斗的创业公司。

事实上，功夫动漫所提出的以动漫嫁接传统产业的全新发展思路，就是为制造业企业在传统营销模式之外再造一个全新营销模式。 简单来说，就是结合企业最新营销需求对公司完成 IP（intellectual property，知识产权）化定义，并通过整合资源展开定制化动漫内容创作，再以动画片形式通过电视台等传播渠道进入大众视野。 显然，这是一种更容易嵌入消费者心智模式的全新营销方式。 一部为制造业企业精心定制的动画片，如果能够在全国 200 多家电视媒体播放，不仅能够收获价值数亿元的广告传播效应，而且能够强力拉动相关产品的市场销售。 在这个过程中，如果某些动漫形象引爆市场，还可以成体系地围绕企业所属产业开发系列衍生产品，全面提高原有产业的附加值，企业整体品牌形象也将更加鲜活和深入人心。经过几年探索，功夫动漫成功打造出一个涵盖内容、品牌、渠道、媒体在内的立体式动漫营销模式，并制作出如特步（中国）有限公司（以下简称"特步"）定制的《梦想总动员》、三只松鼠股份有限公司定制的《三只松鼠》、上海来伊份股份有限公司定制的《超级伊仔》、海尔集团定制的《海尔兄弟太空历险记》等众多成功案例。

在李竹兵看来，功夫动漫在此后几年不仅能够生存下来，而且获得快速成长的重要原因就是因为经营团队始终在前进过程中坚持"没有不可能"的创业观念。"很多人都觉得在泉州做动漫不可能，如果我们也觉得不可能那就完蛋了，因此我们不仅从来没有觉得不可能，恰恰相反，我们都认为功夫动漫可以成为世界级的动漫公司。"李竹兵说，"正是因为我们秉持'没有不可能'的创业观念，因此过去几年遇到的最大困难就是没有人相信我们。 例如，我们提出要成为中国最大的动漫公司，而且将这几个大字挂在公司大楼上，结果很多人都来嘲笑我们，那时不仅外部没人信，甚至内部也没人信，但时间会证明一切，到 2015 年时大家都开始相信了，因为目标已经近在咫尺。"2018 年，功夫动漫三维精品动画片产量将达到12000 分钟，真正成为中国年产量最大的动画片制作公司。

除了成为中国最大的动漫公司，整合全球动漫资源助推中国产业发展，让美国和日本顶级动漫行业专业人士为功夫动漫打工，则是另一个由功夫动漫提出但也几乎没有人相信的目标。 然而在短短几年内，功夫动漫就已经成为国内使用美国和日本动漫编剧最多的中国动漫企业。 例如，《梦想总动员》的编剧就是《猫和老鼠》（Tom and Jerry）的编剧埃里克·肖（Eric Shaw），《三只松鼠》的编剧就是《小熊维尼历险记》（The Many Adventures of Winnie the Pooh）的编剧卡特·克劳克（Carter Crocker），《超级伊仔》的编剧就是《海绵宝宝》（SpongeBob Square Pants）的编剧德里克·艾弗森（Derek Iversen），《海尔兄弟太空历险记》的编剧就是《辛普森一家》（The Simpsons）和《无敌风火轮赛车：第五战队》（Hot Wheels：Battle Force 5）的编剧罗宾·斯坦（Robin Stein）……全面采取全球化制片模式，汇聚全球数百个顶尖动漫团队资源也由此成为功夫动漫的另一张名片。"如今，在功夫动漫不仅没有不可能，而且还特别喜欢干大家都觉得不可能实现的事情，甚至于都有点干上瘾了。"李竹兵说。

2017 年以来，在创新驱动的全新发展环境下，城市之间的竞争日渐加剧，旅游业的兴旺也让各个城市都铆足了劲全方位营销自己。 在这个过程中，李竹兵看到其中蕴藏着的巨大商业机会，并带领功夫动漫再次做出重大战略调整，即将其过去 80％的业务来自企业的原有业务结构全面调整为，未来80％的业务要来自政府。 背靠经过十年创业沉淀出的完整的

动漫 IP 产业链平台，李竹兵再次站在潮头并充满底气地提出
"打造城市超级 IP"的全新发展战略。 打造城市超级 IP，即
通过挖掘当地最能代表城市名片的自然及文化元素，形成具备
黏度与收视率的动画片作品，通过功夫动漫超级 IP 运营发行
平台，快速在电视台和互联网等全媒体播出推广，进而达到让
社会公众深度认知并形成巨大 IP 粉丝群体的营销目标。 在此
基础上，通过动漫打造超级 IP 形成 IP 版权系统，授权开发各
类动漫 IP 衍生品带动本地产业经济发展；衍生品产业的快速
发展又能够带动形成本土文创产业链，并催生出动漫制作、工
业设计等创新型企业；城市超级 IP 还能强有力地带动城市形
象建设与旅游业发展，例如建设超级 IP 主题小镇、乐园、公
园、田园综合体等旅游体验空间……不难看出，打造城市超级
IP 能够高效地通过以点带面的方式强有力地推动城市经济文
化往高质量方向发展。

在确立打造城市超级 IP 的全新发展战略后，功夫动漫很
快与四川省德阳市政府达成合作，以三星堆文明为切入口，打
造全国首部三星堆古蜀文化大型系列动画片《三星堆荣耀觉
醒》；与福建省福鼎市太姥山风景名胜区管委会达成合作，打
造全国首部以福鼎白茶文化为主题的 3D(3 Dimensions，三维
空间)系列动画片《太姥娘娘与白茶仙子》；与浙江省宁波市溪
口风景名胜区管委会达成合作，打造全国首部布袋和尚文化主
题系列动画片《神奇布袋小子》…… "经过生存期的长期挣
扎，功夫动漫经营管理团队已经成为业内最具战斗力的团队，
现在公司的发展速度就像是坐上了火箭一般，唯一感到遗憾的
是时间永远不够用。"李竹兵说。 截至目前，功夫动漫已经先
后获得弘信创业工场、中国风险投资有限公司等众多知名投资

机构总额达 2 亿元的风险投资，公司整体估值超过 15 亿元。2018 年 5 月，功夫动漫股份有限公司正式成立，并已经为进入资本市场做好前期准备工作。

图 9-1　功夫动漫为石狮市政府打造城市超级 IP "狮来运转"

爱基因

2010 年 9 月，从厦门大学分子生物学专业硕士毕业的王小波创立厦门基科生物科技有限公司（以下简称"基科生物"），之所以选择创业是因为他发现自己在校期间在实验室研究的很多方向都非常适合市场化。创立初期的基科生物通过租用厦门大学的实验室，主要为企业、医院、研究机构等提供技术外包服务生存下来。"其实，那时候技术外包服务挺赚钱，我们也活得很滋润，在承接项目的同时不断沉淀自身技术实力。"王小波说。 作为厦门大学创业导师，李强在 2010 年曾到厦门大学分享创业经验，王小波也正是在那次分享中结识李强，并在此后持续保持联系。 2013 年，王小波和李强在一次论坛上再次相遇，在交流过程中王小波向李强简要介绍了公司的发展状况，没想到不久后弘信创业工场就开始与王小波接洽投资事宜，经过几个月的互动沟通，王小波顺利从弘信创业工场拿到数百万元天使投资。

2013 年，著名好莱坞（Hollywood）影星安吉丽娜·朱莉（Angelina Jolie）通过基因检测提前得知自己很有可能（可能性高达 87%）会得乳腺癌，加之家族中已有多位亲属死于乳腺癌，于是她提前做了预防性手术。 这个事件让全球基因检测行业热度高涨，也彻底改变了基科生物的战略发展方向。"如果直接能够服务于消费者，必将拥有更大的市场规模，结合行业技术成熟度等因素综合判断，最终我们决定转型切入医疗健康市场，直接服务于消费者。"王小波说，"恰好当时刚从弘信创业工场融了一笔钱，这也让我们能够更加敢于转型，并顺势推出自己的基因检测品牌——爱基因。"由于较早切入基因检测行业，基科生物享受到了行业早期快速发展的先发红利，公司转型后发展更加迅速，并拿下多项国际国内专利技术，在行业中初露锋芒。 2016 年 6 月，基科生物以数亿元估值完成数千万元 A 轮融资，领投方为中国银河投资管理有限公司，弘信创业工场等多家投资机构参与跟投。

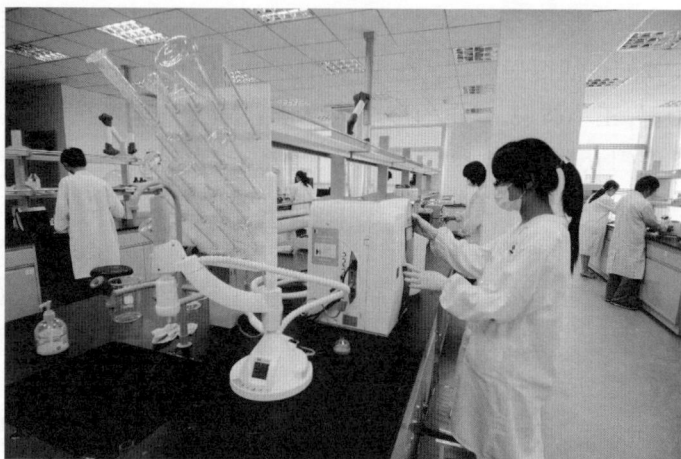

图 9-2　基科生物搭建国内领先水平的基因检测实验室

　　随着基因检测市场前景持续看好，各类创业公司不断涌现出来。 基科生物初创时，全国在基因检测领域的创业公司不到 30 家，而如今已经超过 3000 家。 当然，其中很多是营销型的中介公司，但真正从研发、检测到服务全链条都完整的创业公司也有数百家，市场竞争日渐白热化。 由于基因检测设备高度依赖进口，国内企业研发创新主要聚焦于检测试剂及其配套试剂盒，在这方面基科生物在业内颇具领先优势。 由于拥有自主研发的国际专利技术，基科生物 5 个工作日就能够出检测报告，而国内同行大多需要 10 到 15 个工作日。 与此同时，基科生物还拥有让一种试剂发生多重反应进而能够同时检测多个项目的专利技术，这让基因检测成本进一步大幅降低。正是因为拥有这两项技术优势，爱基因迅速构建起竞争优势，并快速扩大市场份额。 在营销层面，基科生物于 2017 年在国内首次推出标准化基因检测服务场景——爱基因小屋，并植入到体检机构、医院和一些规模较大的诊所，进而为用户提供面对面更加专业的基因检测服务。 与此同时，虽然基因检测技术拥有众多应用场景，但基科生物聚焦于用户最为关心的肿瘤和慢病检测领域，并在李强建议下拓宽服务链条快速切入基因检测后市场。"事实上，用户真正需要的不是基因检测报告，而是健康，因此在报告出来后我们必须要有能力通过整合资源为他们提供最佳诊疗服务。"王小波说，"在这方面，我们主要通过嫁接优质供应商共同为用户提供尖端医疗服务资源。"

在完成 A 轮融资后，基科生物进入一个全新的发展阶段。 然而，也正是在这个关键节点，内部管理却出现了较大问题。 此前，基科生物员工不多，完全是一个敏捷型组织，沟通顺畅，反应极速。 随着公司完成 A 轮融资，员工也很快达到 100 多人，不少人包括董事会就开始对管理层提出规范化管理的建议，并很快引进一位履历漂亮的高级经理人推动公司往系统化管理方向发展。 然而，经过半年多的管理变革，王小波忽然发现整个公司完全动不起来了，经营业绩也止步不前，甚至公司的"味道"都有些不对劲了，于是他果断终止系统化管理，那位高级经理人也很快选择离职。"在我看来，管理再好也要以经营为本，公司都经营不下去了，管理再好又有什么用呢？"王小波说，"那半年大家都过得很痛苦，当然这首先是我的责任，在管理模式决策上判断失误。 在当前那个阶段，基科生物在管理上还不需要高配置，而是'小米加步枪'，我们是一家初创公司，大家必须要能够动起来打硬战。"

经历管理阵痛后，基科生物很快又回到以小团队、包干制、无边界为典型特征的创业节奏中，让市场拓展团队从感觉被管理重新回到感觉被服务的氛围之中，但又与过去有所不同，过去是王小波排兵布阵挥师打战，现在是各个包干团队各自出击攻占市场，自主性更强，相关职能部门彻底转型为后方阵地，全力服务前线作战团队。随着基科生物回归到创业氛围良好、经营业绩快速增长的良性发展轨道，王小波更加坚信未来可期。

咕啦电商

2014 年 8 月，投资人出身的黄峰创立厦门咕啦电子商务有限公司（以下简称"咕啦电商"），通过链接和整合中国体育彩票全国线下站点建立社区 O2O（online to offline，从线上到线下）运营平台。那时候，阿里巴巴集团控股有限公司（以下简称"阿里巴巴"）、腾讯控股集团有限公司（以下简称"腾讯"）等互联网巨头还没有充分重视线下网点的商业价值，特别是体彩站点这种边缘门类，更是少有人关注，而黄峰也是因为在投资过程中看了很多社区 O2O 项目，才猛然发现体彩站点潜藏着的商业价值，于是毅然终止投资生涯，全身心投入创业。2015 年 12 月，已经创业一年多的咕啦电商成功从弘信创业工场拿到 1000 万元的天使投资。"厦门的投资圈很小，而且很多都是私人投资，真正成体系成规模规范化运营的投资机构并不多，弘信创业工场算是其中一家。"黄峰说，"那时候，弘信创业工场正全力推进运营双创平台，具备很强的政府资源整合能力，对政府政策的研究也比较透彻，恰好体育彩票行业与政府政策导向密切相关，因此很多资源都可以共享。"

创业初期，黄峰的想法是利用体彩站点去收发快递。因为绝大多数体彩站点都是夫妻店，老板比较清闲，因此有多余时间去做其他工作，对于创收项目的积极性也比较高，而且与便利店相比，体彩站点闲余空间较多，存放物品也比较方便。"当时的想法很简单，全国 15 万家体彩站点，分布于全国各个小区周边，如果能够全部完成链接与整合，哪怕一件快递只赚一元钱，每年的盈利也非常可观。"黄峰说。然而，在具体运营过程中，他很快发现收发快递很难盈利，因为体彩站点要从每件快递中分走六七毛钱，再扣除系统运营费用，咕啦电商真正能够从一件快递上赚到的钱不足 5 分。不过在运营过程中，咕啦电商成为除菜鸟网络科技有限公司之外的第二家与全国各大快递公司完成系统对接的第三方平台。也就是说，快递在其他第三方公司运营下如果出现丢失情况，收件人只能与快递员及便利店老板私下协商解决问题，而如果是在咕啦电商运营平台上出现丢失情况，那么责任依然在快递公司。

在发现收发快递业务无法盈利后，黄峰开始有些着急。一方面，持续拓展站点需要花钱，另一方面，主营业务又无法盈利，公司现金流越来越紧张。于是，咕啦电商很快盲目地将所有自己能做的社区 O2O 项目全部折腾一遍，但最终还是没有找到盈利方向。2016 年底，咕啦电商终于陷入资金枯竭危机。幸运的是，黄峰在这个艰难关口顺利从贵人鸟股份有限公司拿到的 1900 万元投资让公司渡过了难关，但盈利难题依然摆在面前，并且完全看不到破解的迹象。2017 年，正当咕啦电商陷入战略迷茫时，阿里巴巴、腾讯等互联网巨头似乎

不约而同地看到线下网点蕴藏着的巨大商业价值，并且疯狂地
展开收编行动，尤其是阿里巴巴旗下支付宝（中国）网络技术有
限公司（以下简称"支付宝"）与腾讯旗下微信支付业务之间在
线下支付场景上的争夺战争愈演愈烈。那时候，咕啦电商已
经在全国 13 个省份链接和整合了超过 15000 家体彩站点，这
个巨大的线下网络很快被支付宝看中并主动上门寻求合作。
自此，支付业务很快成为咕啦电商最大的盈利项目，日交易额
超过 3000 万元，并且成功带动公司在 2017 年顺利实现盈利。

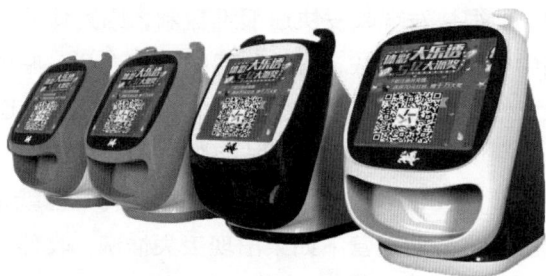

图 9-3　咕啦体彩无人销售终端

"其实，我们真的很幸运，完全想不到支付宝会来找我们
合作。"黄峰说。事实上，与其说是自己幸运，不如说是咕啦
电商本身具备巨大的商业价值。此前成功获得两轮融资充分
说明投资机构看到了它潜藏着的商业价值，而与支付宝的成功
合作以及由此快速实现盈利则说明它的商业价值已经获得市场
验证。"在这个过程中，弘信创业工场提供了很多支持，尤其
是在融资建议和融资协议拟定方面，李强在相关领域的人脉资
源整合层面确实对咕啦电商的成长帮助很大，让我们能够专注

214

于产品开发和业务拓展。"黄峰说。 在咕啦电商的战略规划
中，除了继续保持支付业务和快递收发业务的成熟运营和持续
拓展线下站点外，未来还会朝着包括彩票、电竞、棋牌等类博
彩项目在内的泛娱乐方向演进，并通过后台大数据沉淀，以增
值服务的形式为用户投注提供大数据支持。 目前，处于快速
发展期的咕啦电商员工人数已经超过 160 人，并且再次顺利完
成新一轮融资，公司整体估值超过 6 亿元。

可睿特

虽然是厦门大学法学院的毕业生，但林志明多年来一直从
事的却都是鞋服产业 IT 系统销售与服务工作，例如 SAP（sys-
tem applications and products）的 ERP（enterprise resource
planning，企业资源计划）系统、IBM（international business
machines corporation）的云服务等，曾担任 SAP、IBM、力克
（Lectra）等多家外资 IT 及服饰企业福建区域负责人，在鞋服
产业拥有深厚积淀。 在他看来，劳动密集型的鞋服产业非常
传统，因此具备很大的再开发和再升级空间，很多深层价值都
还有待挖掘。 2010 年，林志明创立厦门可睿特信息科技有限
公司（以下简称"可睿特"），并与德国企业 HSI（Human Solu-
tion Inc）建立合作关系，在 HIS 提供技术支持的前提下整合资
源，形成个性化定制解决方案并销售给鞋服品牌商，整体经营
状况还不错。 经过几年合作，林志明觉得相关技术并没有想
象中那么复杂，于是联合若干技术人员于 2013 年共同筹资

300 万元开始独立经营，主攻方向为通过三维扫描技术应用让个性化定制成本结构发生根本改变，进而让更多消费者能够享受高端个性化定制服务。 然而，由于个性化定制的每个环节都需要大量的 IT 系统去堆积，因此前期研发周期较长。 2014 年，可睿特依然只能做出一些人体三维扫描设备样机，且完全没有建立起成型的商业模式，因此资金开始吃紧。 在这个时间关口，由于弘信创业工场非常看好鞋服产业个性化定制的未来，因此很快给了可睿特 400 万元的天使投资。

在成功获得天使投资后，林志明最初选择走创业前的老路，即为鞋服企业提供包括人体三维扫描技术支持及相关设备服务在内的软硬件一体化解决方案，进而获得相关订单的利润分成，这在鞋服企业终端门店也确实受到了部分消费者的欢迎。 但林志明很快发现，鞋服个性化定制在很多消费者尤其是年轻消费者看来是很酷很潮的一件事，而传统鞋服企业则普遍面临品牌老化的问题，因此一旦消费者看到是传统鞋服企业提供的个性化定制服务，都不太愿意去尝试。 相反，如果是一个非常有调性的互联网鞋服个性化定制潮牌，年轻人反而很有可能蜂拥而至。 由于早期在消费人群定位上出现偏差，以及持续的研发投入，可睿特在 2016 年和 2017 年都出现了资金紧张状况。 在这个过程中，李强两次以个人名义合计投资约 500 万元，帮助可睿特渡过难关。

"可以说，李强确实是创业者的带头大哥，因为在艰难时刻他真的能够挺你。 每次找他帮忙，他都是当场整合资源，当场解决问题，从来没有拖过。 在一些大佬聚会的场合，他也从来不会在意自己的面子，而是尽可能地带上那些可能会得到帮助的创业者。"林志明说，"其实，2017 年我们本可以凭借政府政策支持从银行获得 500 万元到 1000 万元的授信额度，最终协议都快要签了，但由于政府出现财政问题导致银行停掉了这笔授信。 在现实中，创业公司很难从银行获得贷款，正是因为弘信科创的全程帮忙操持，我们才有这样的可能性，虽然最后也没有拿到贷款，但还是非常感谢他们。"

经过几年沉淀，可睿特在技术和设备研发上终于告一段落，其研发的三维扫描仪扫描精度能够达到正负 0.1 毫米，并且已经形成清晰的战略发展思路，即通过线上做内容线下做体验，以 C2M（customer to manufactory）模式打造出互联网鞋服个性化定制潮牌——LUCKY GENT（幸运先生）。 与过去和鞋服企业合作不同，面向消费者打造潮流品牌挑战很大，但一旦做成将具备无限市场空间，因此林志明坚定地要走鞋服个性化定制潮牌的战略路线。 当然，由于公司处于初创阶段，可睿特依然会继续通过为鞋服企业提供个性化定制软硬件一体化解决方案获得财务回报，进而保障公司的可持续发展。"现在特步智能化跑步体系中的足部三维扫描设备，使用的就是可睿特的技术和产品解决方案，而拿下特步这个客户是在晋江鞋服圈大佬的一次聚会上。 当时李强特意带上我参加，还给了我一次展示产品和技术的机会，因此我们很快与特步搭上线并顺利建立合作。"林志明说。

除了在资金和市场层面提供支持，弘信科创还会定期为云创智谷上的创业公司搭建高端人才对接平台。 2017 年，林志明就在其中一次活动中把握机会成功引进了一位在他看来很牛的合伙人刘惠平。 刘惠平曾在阿里巴巴担任总监级岗位，离职后参与创立北京窝窝团信息技术有限公司（以下简称"窝窝团"）并担任全国销售体系负责人，从窝窝团离职后又创立互

图 9-4　可睿特 3D 人体扫描仪广泛运用于高端定制市场

联网洗衣养护品牌——海狸洗衣，并在 B 轮融资时卖给了海尔集团。"像他这样的牛人我们平时不太容易见得到，创业公司要经历的各个阶段他都经历过，能够通过投资加盟可睿特并担任合伙人兼战略投融资顾问，无疑对公司成长有很大助力，也让整个创业团队对未来更有信心。"林志明说。

目前，可睿特不仅成功研发出技术成熟的超高精度三维人体扫描仪、三维足型扫描仪和足部压力测试仪，而且陆续成功为特步、安踏(中国)有限公司、福建柒牌集团有限公司、三六一度(中国)有限公司、浙江奥康鞋业股份有限公司等鞋服行业知名品牌提供个性化定制软硬件一体化解决方案,并已经开始在线上线下全面落地在鞋服领域打造互联网个性化定制潮牌的战略发展思路。 随着 LUCKY GENT(幸运先生)在鞋服行业知名度日渐提升,产品和技术日臻纯熟,高级人才持续加盟,以及战略发展思路彻底清晰,林志明通过技术革新让鞋服个性化定制走进大众消费生活的创业梦想正在慢慢实现。

"贡献大资源,分享小利益"、"走出小圈子,拥抱大时代"是李强经常挂在嘴边的两句话,这也正是作为双创生态运营商必须具备的胸怀和格局,并必须坚定地以"通过成就创业公司成就自己"为经营信条。 正是因为拥有这样的胸怀和格局,由弘信创业工场主导运营的创新创业生态圈才能迅速集聚起一大批优质创业公司,并在生态圈内共生共长,共创共赢。功夫动漫、爱基因、咕啦电商、可睿特和蝌蚪生态空间只是其中一部分优秀代表,随着它们逐渐成长壮大,未来它们必将共同汇聚起强大的生态圈资源反哺能量,并在生态圈中扮演更加重要的角色。 弘信创业工场不仅仅服务于创业公司,事实上,创立之初它就已经为行业龙头企业设定了核心角色,通过创业公司与龙头企业的相互滋养和协同并进,逐渐形成公司自进化、资源自循环和生态自优化的热带雨林式创新创业生态圈。

云创业
CLOUD VENTURE

士不可不弘信，弘信在创业

Chapter
10

在 18 年的创业探索过程中，刚开始李强只有初心而没有路径，但一切却都在他带领企业坚守初心迸发行动的过程中自己涌现出来，并由此形成独具特色的云创业模式，弘信创业工场也逐渐成长为它本应该呈现出的样子。生于这个大时代，一切都在极速变化，但对于弘信创业工场而言，只有一点永恒不变，那就是——士不可不弘信，弘信永远在创业。

2001 年，李强带领外代租箱改制创业并将公司定名为厦门弘信创业股份有限公司并非草率为之，而是颇费了一番心思。弘，意为历经千辛万苦，越过千难万阻，最终修成正果；信，意为人无信不立，事无信不成，业无信不兴；创业，则意味着每一位弘信人都必须拥有一颗自信自强自燃自愈的创业之心，时刻准备着在弘信创业工场平台上自主创业（图 10-1）。弘信创业工场，将坚持以"弘"为精神，以"信"为秉性，以"创业"为事业。18年来，弘信创业工场始终坚守初心，以自己在成长过程中扎扎实实的每一个脚印，以及由此带来的可持续发展，为自己献上成年之礼（图 10-2）。在这个过程中，除了经营成熟并已经取得阶段性成功的"三驾马车"和极具独角兽潜质的弘信科创外，弘信创业工场还不断涌现出极富创业精神的创业者，或起或落，或成或败，或兴或衰，他们都一起用自己一路迎头而上披荆斩棘攻坚克难的创业经历，共同诠释着弘信创业工场以创新、创业和分享为文化内核的企业精神。

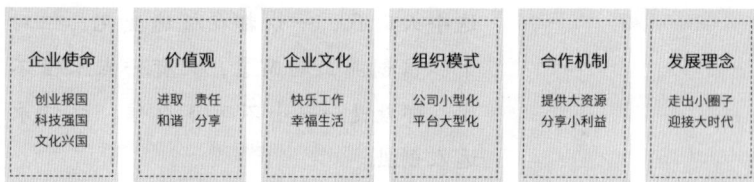

企业使命	价值观	企业文化	组织模式	合作机制	发展理念
创业报国 科技强国 文化兴国	进取 责任 和谐 分享	快乐工作 幸福生活	公司小型化 平台大型化	提供大资源 分享小利益	走出小圈子 迎接大时代

图 10-1　弘信创业工场经营管理理念

从绝不可能创业到成为连续创业者

"如果不是背靠弘信创业工场，我绝对不可能创业。"杨辉说，"因为我是国有企业管理干部出身，虽然在公司改制后成为民营企业经理人，但一直都是负责行政管理工作，而且性格比较保守，很难想象自己在后来竟然会成为连续创业者。"背靠弘信创业工场，他不仅创立厦门弘信绿色节能科技有限公

耕耘18载
创业永青春

2001年
企业创立
弘信创业成立
物流港口航运业务
百万元起步

2003年
跨界投资
弘信电子初创
150万元起步

2005年
云创业理论萌芽
李强首次提出"把企
业当产品，经营管理
念——云创业理论开
始萌芽
云创业1.0版本

2007年
横式复制
股权改革，将弘信
电子模式复制到物
流、租赁等产业

2009年
创业工场注册成功
完成名称变更，成为首家真正
式味性的创业工场："云创
业"横式不断完善、迭代

2012年
"云创业平台"生态
助力深越光电，联想塑胶等实现跨越成长
生机勃勃的云创业生态圈不断在壮大
云创业2.0

2015年
云创智谷落地
打造移动互联时代众创空
间典范——云创智谷
各城市产业园区、孵化器、
城市创新中心加速建设

2017年
电子上市
弘信电子（300657）
成为国内资本市场柔性
电子第一股

2018年
"1+5+N"未来战略
围绕云创业的5大产业战略
重铸产业空间、产业服务、科
技赋能、产业金融、产业投资
的事业部建设
云创业进入3.0版本

2019年
三个百亿战略
确定三个百亿目标：
工业产值百亿、服务业
百亿、产业金融百亿、
产业基金百亿

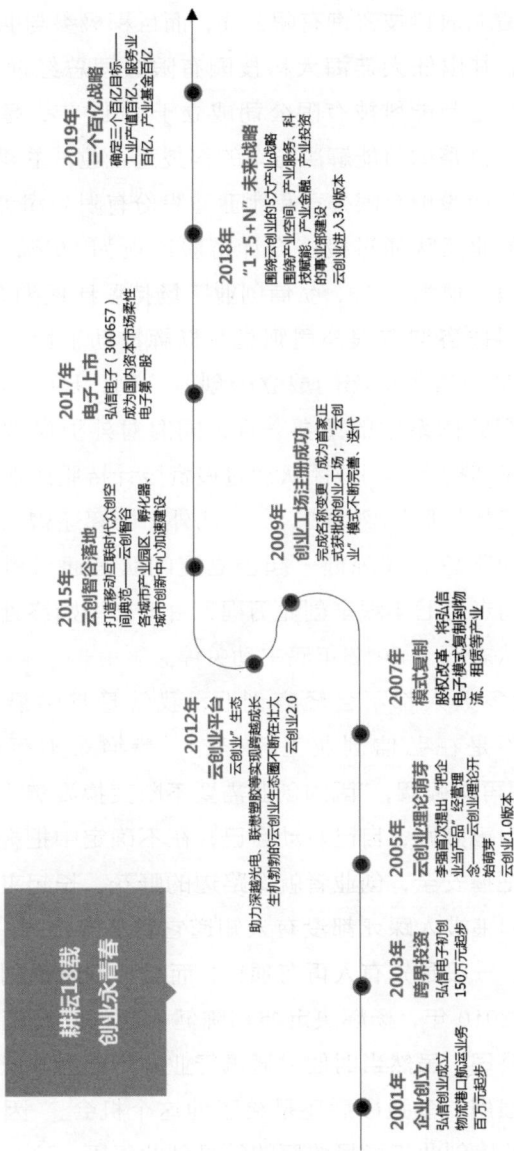

图10-2 弘信创业工场18年创新创业历程

225

司和广州厦弘冠科技咨询有限公司，而且积极参与弘信科创的创业事业，并出任大连海大科技园有限公司总经理。 其中，厦门弘信绿色节能科技有限公司成立于 2011 年，是一家为制造业企业提供整体节能解决方案的科技型企业，主要客户包括紫金矿业集团股份有限公司和比亚迪股份有限公司等，在股权结构上，创业团队通过投资合计持股比例为 39%，外部战略投资人持股比例为 10%，弘信创业工场持股比例为 51%。 广州厦弘冠科技咨询有限公司则是在杨辉推动下由弘信科创于 2017 年剥离政策咨询部门成立的创业公司，是弘信创业工场全程创业服务体系中的重要一环，同时对外提供政策咨询服务，在股权结构上，创业团队通过投资合计持股比例为 49%，弘信创业工场持股比例为 51%。 此外，杨辉还曾与原夏新电子制造事业部总经理陈健一起创立厦门弘信通讯科技有限公司，并共同走过七年艰辛创业历程，由于公司始终处于不温不火的经营状态而于 2017 年底主动关停。

"绝大多数人都不会轻言创业，我就是其中最典型的代表，如果不是在弘信创业工场工作，我绝对不可能出来创业。"杨辉再次强调，"因为创业需要不断变换姿势去试错，不断自己给自己鼓励，自己驱动自己，在不确定中把握确定，在不安全中把握安全，创业者就像路边的野花，长起来就长起来了，长不起来被人踩死都没有人知道它曾经存在过。"在弘信创业工场，一般是先有人再有项目，而且特别看重创业者的个人意愿。 2010 年，杨辉决定要和陈健一起创立厦门弘信通讯科技有限公司，虽然当时他对通讯行业并不熟悉，但因为个人意愿极其强烈，李强最后还是给了他这个机会。 因此在杨辉看来，在弘信创业工场最浓厚的就是创业氛围，这是一家特别愿意给员工创业机会的公司，而这也正是弘信创业工场活力的源泉。"因为创业不仅能够深刻地教育人，也最能够激活人，甚至让人的生命发生本质变化。"杨辉说，"一旦迈出创业这一步就没有回头路，硬着头皮也要走下去，在这个过程中，自己就会慢慢进化成为一个真正的创业者。"在他的带领下，厦门弘信绿色节能科技有限公司和广州厦弘冠科技咨询有限公司都持续保持着较好的发展态势，而由大连海大科技园有限公司主导运营的云创蓝谷系列双创生态园区的进展也非常顺利。

从一个普通的资金管理员到
撑起创业金融半边天

从一个普通的资金管理员一路成长为财务中心总经理，再到撑起创业金融半边天，李萍在弘信创业工场整整工作了 14 年。 2014 年，为了积极响应李强提出的将职能型部门全面转型为价值型部门的号召，李萍将财务中心总经理的岗位交给张立后，主动请缨创立创业金融事业部，并在当年盈利超过 100 万元。 但在这个过程中，她很快发现，如果没有资金，只有服务将很难做强创业金融服务。 于是，虽然那时网贷热潮已近尾声，但李萍认为弘信创业工场依然有机会，因为一边有很多优质业务在孵化，一边又有很多认可弘信创业工场的人需要理财，如果能够将两边高效链接起来，就会有很大的机会将网贷业务做起来。"像我们这种从来没有开过公司的人，加之弘信创业工场在当时资金也并不宽裕，但李强还是安排了 2000 万元让我们迅速组建团队开干，而我们也算是无知者无畏，满怀热情地赶了一个晚集。"李萍说。 2015 年 11 月，厦门弘信宝金融技术服务有限公司（以下简称"弘信宝"）正式创立，创业团队成员通过投资合计持股比例为 25%。

在弘信宝创立的前两年中，确实帮助很多云创业生态圈小微创业公司短暂解决了资金难题，但由于市场上部分网贷公司的不规范经营引发了系统性金融风险，监管部门开始对网贷行业开展备案登记，全面从严管理，进而导致网贷行业发展前景受限。 于是，李萍决定将弘信宝交给经营风格更加稳健的王荣军，自己开始重新思考创业金融服务的未来。 那时，弘信宝已经实现盈亏平衡，而且摸索出相对成熟的业务模式。 王荣军接手后表现不俗，弘信宝在当年就实现盈利，以他为核心的经营团队也全部承接下初创团队所持有的公司股权。 截至 2019 年 2 月，弘信宝平台累计交易额达 17.77 亿元，累计交易单数达 71272 单，并且从未出现任何坏账。 当然，在行业整体发展受限的大背景下，弘信宝也进入战略蛰伏阶段。 而在这个过程中，李萍接触到了小额贷款行业，并决定再次向李强毛遂自荐，创建小额贷款公司。

2016 年春节刚过，李萍就给李强打电话，告知网贷信息中介行业发展暂时受阻，而互联网小贷行业则将会有很好的发展前景，因此她希望能够创建小额贷款公司，并且第一件事就是要去拿下经营牌照。"做金融必须要有牌照，否则名不正言不顺，路可能会走得窄。"李萍说，"当时没有想太多，特别是完全没有考虑过实缴 1 亿元注册资本对公司有可能是很大的压力，没想到李强对这件事非常支持。"在拿下厦门市第一张具备全国运营资格的网贷牌照后，2017 年 5 月，弘信创业工场借鉴弘信博格的成功经验，引进厦门经营规模最大的国有企业厦门建发集团有限公司（以下简称"建发集团"）入股共同创立广州建信小额贷款有限公司（以下简称"建信小贷"），并采用与弘信博格完全一致的合作模式，即由建发集团控股、弘信创业工场大比例持股，经营团队由弘信创业工场负责组建并持有公司股份，这样既能全面保障建信小贷拥有充沛的低成本资金，又能让公司在经营过程中具有很强的灵活性，经营团队也极具创业精神。

当李萍主动提出要出任建信小贷总经理时，不只是建发集团感到吃惊，李强也感到很诧异。 建发集团吃惊的是弘信创业工场竟然会派出职级这么高的经理人到三级公司担任总经理；而对李强而言，他希望李萍能够留在身边当左右手，而且像她这个年龄段的女性再去创业公司担任一把手会很辛苦。"确实，对我而言，已经不再需要证明自己，其实更多的是抱着一种使命感去接下这个岗位。"李萍说，"建信小贷由建发集团控股，如果外聘职业经理人，未必能够完成弘信创业工场希望建信小贷扮演的战略角色。"在建信小贷创建发展过程中，李萍的每个想法都获得李强的大力支持，并且都是在第一时间获得响应。 这就是典型的弘信创业工场的创业文化，当员工满怀激情要去做一件事时，不管条件具不具备都会让他们先做起来，而后再根据进展情况分阶段整合资源提供补给。 正是在李萍的不懈努力下，弘信创业工场逐渐拼接出由弘信宝（借贷金额在 100 万元以下）、建信小贷（借贷金额在 500 万元以下）和弘信博格（资金能力范围内不设融资上限）共同构成的全生命周期创业金融服务体系。

在创立初期，建信小贷定位为弘信创业工场和建发集团的产业银行，真正全面落实国家关于金融服务实体经济的倡导，主要服务于各自体系内的创业公司。 很多市场上在营的小额贷款公司都是追逐高风险高收益，建信小贷从创立之初就设定的战略定位决定了稳健适中才是它的风险喜好和经营风格，而李萍出任总经理也让李强看到了在建信小贷成功复制弘信博格混合所有制改革模式的希望。 在李萍心目中，自己之所以在弘信创业工场工作十多年都没有舍得离开，是因为它不仅是一个给平台给机会的企业，而且是一家很有温度的企业。"李强对我而言亦师亦友亦兄长，不仅用人不疑充分授权，而且能够包容大家在成长过程中犯过的错误。 十多年来，我从来没有见过他和谁红过脸，加上云创业模式的助推，像我这样的内部创业者必然会在弘信创业工场充满归属感。"李萍说，"这么多年，弘信创业工场对我是赋能，我对它是感恩，现在无论走到哪里都觉得还是弘信创业工场好，每次回来都像是回到娘家一样。"

一个卖房创业的高能创投斗士

2010 年 5 月，毕业于厦门大学法学院，曾在厦门、北京等地从事资本市场法律服务工作多年，并也曾在凯雷投资集团（The Carlyle Group）关联企业从事投资并购工作的胡龙润加入弘信创业工场，参与筹建投资银行事业部和创业投资事业部。 弘信创业工场当时正准备在资本和投行领域展开布局，胡龙润是其成功引进的高级专业人才之一。 胡龙润之所以选择加盟弘信创业工场，除了因为举家迁往厦门定居外，更因为弘信创业工场极具开放性的创业平台特征。 在 2013 年前，除了在投资银行事业部和创业投资事业部展开相关业务领域的工作，胡龙润还曾参与管理由弘信创业工场、厦门象屿集团有限公司、厦门德润成长创业投资有限公司、厦门振威安全技术有限公司等共同发起成立的厦门软件信息产业创业投资基金，但由于各方的投资策略和投资理念不同，在投了几个项目之后不得不草草收场。

2013 年，移动互联网热潮如火如荼，在整合移动智能终端制造全产业链突围成功后，弘信创业工场决定全面进军移动互联应用领域，并且成功募资 2 亿元创立移动互联产业基金，围绕移动互联内容、软件、硬件、服务、金融等维度展开创业投资业务，同时创立深圳云创资本投资管理有限公司（以下简称"云创资本"）负责基金管理，经营团队通过投资合计持股比例为 35％，其中胡龙润持股比例为 20％。"为了大比例持有云创资本的股份，当时不得不卖掉厦门的房子，那时候真的是怀有一颗赤子之心，倾尽全力希望将云创资本经营成功。"胡龙润说。 不难看出，弘信创业工场内部创业机制的妙处在于，虽然创业团队只持有部分股权，但对个人而言却几乎押上全部身家，因此创业者绝不会有别的想法，而是全身心投入其中，尽己所能要将创业公司经营好，而弘信创业工场作为控股股东，也必然会不遗余力地去支持它发展壮大。

功夫不负有心人，在此后几年的创业投资过程中，背靠弘信创业工场的云创资本由于恪守赋能式投资和陪伴式成长的投资理念，以及秉持"小美精专"的投资风格，即小额投资但提供重度服务做精做专，取得了引人瞩目的投资战绩。 除了成功投资独角兽企业喜马拉雅，全程操盘弘信电子创业板上市，以及深越光电和联懋塑胶并购上市项目外，还投资了四三九九网络股份有限公司、爱基因、北京诚品快拍物联网络科技股份有限公司、深圳国民飞骧科技有限公司、厦门乃尔电子有限公司、深圳超群高科技有限公司、深圳鸿益进智能科技股份有限公司、咕啦电商、可睿特、厦门中恒信净化科技股份有限公司、深圳易天自动化设备股份有限公司等优质创业公司。"总的来说，2 亿元的基金规模能够投到这些项目，无论是投资人还是合伙人都很满意。"胡龙润说。 由于创投行业在厦门发展受限，目前胡龙润已经转战深圳，带领云创资本成功获得深圳市南山区政府引导基金和福田区政府产业引导基金的战略注资，并与广东前润并购投资基金管理有限公司、太平洋证券股份有限公司、易方达基金管理有限公司、新加坡淡马锡控股有限公司(Temasek Holdings)等行业头部企业陆续达成深度合作。 他坚信，深圳作为中国创新创业的桥头堡和资本市场重镇，深耕粤港澳大湾区的云创资本未来必将拥有更加广阔的发展前景。

一个摇滚青年的创业熔炼之旅

2014 年初，已经在联想工作 9 年的李奎厌倦了大公司的文化氛围，怀着满腔热血离职创业。 这不难理解，几年前，在央视《赢在中国》节目的鼓噪下，李奎内心深处的创业小宇宙早已熊熊燃烧，作为一名在大学阶段就组建摇滚乐队四处演出的摇滚青年，他不愿继续在大公司混下去，但一直没有找到合适的创业时机和创业项目。 2014 年，可穿戴设备创业热潮如火如荼，作为从系统集成厂商出来的创业者，李奎自然心潮澎湃，纵身其中并且成功拿到天使投资，正准备大干一场时，李强找到了他。

作为国内柔性印制电路板制造行业的领头羊，弘信电子一直在谋求多元化布局，早在 2011 年就创立厦门弘汉光电科技有限公司（以下简称"弘汉光电"）进入触摸屏制造领域。 然而，由于切入时机较晚，同时经营团队缺乏强有力的市场开拓能力，因此一直不温不火。 2014 年，背光模组产品供不应求，利润率很高，而且作为显示屏的关键部件，背光模组与柔性印制电路板有着极高的客户重叠率，同时初期投资额不大，因此李强开始筹备大举进军背光模组制造，但一直没有找到合适的操盘手，直到他发现了李奎。

虽然不是背光模组专业技术人士出身，但在联想集团多年的积淀让李奎对背光模组领域非常熟悉，而且有着较为深厚的行业资源。 2014 年初，李强和李奎在深圳福田区丽思卡尔顿酒店（Ritz-Carlton Hotel）见面详聊合伙创业事宜，两人越聊越兴奋，一起喝光了一瓶人头马 XO（Remy Martin extra old），李奎很快不省人事，但他清晰地记得自己已经答应李强要与弘信电子合伙创业，牵头组建团队进军背光模组制造。 2014 年5 月 12 日，李奎正式加盟弘汉光电，弘信电子持股 51％，李奎及核心团队成员持股 49％。

在制造业领域创业十分不易，若不是背靠弘信电子，李奎也不敢贸然进入。 弘信电子成熟的融资系统、财务系统、法律系统、IT 系统和客户资源等，都让弘汉光电的发展事半功倍，李奎及核心团队成员只需将产品和市场做好即可。 王毅甚至直接对李奎说，只要弘汉光电处于正向发展态势，资金方面弘信电子一定会全力支持，这给了李奎极大的信心。

入主弘汉光电后，李奎首先逐步关停不温不火的触摸屏业务，聚焦资源全力经营背光模组业务。在初创阶段，弘汉光电选择从中低端客户做起，很快便在 2015 年实现营业收入破亿元，而且盈利数百万元。但作为行业资深人士，李奎深知弘汉光电未来如果无法配套中高端大客户就等于是在慢性自杀，虽然配套过程十分艰难，但如果能扛过去前途将一片光明，当然，如果扛不过去则很可能会速死。初创阶段的顺利让李奎有些飘飘然，于是决定立刻布局中高端大客户，而且在 2016 年确实也成功成为天马微电子、夏普等知名厂商的供应商，然而由于产品研发出现问题，产品设计出现较大缺陷，进而导致成品良率低下，大批成品报废。2016 年，虽然弘汉光电营业收入达到 1.7 亿元，但却亏损了 700 多万元。

这件事给了李奎当头一棒。在长达半年时间内，他都如同坠入深渊一般痛苦。在这个过程中，李奎不断复盘反思，最后发现问题还是出在自己身上，尤其是高估了团队能力。无知者无畏，他深感自己还是缺乏积累、缺乏历练、缺乏捶打，没掉进坑里完全不知道创业之路的艰辛。在意识到问题后，李奎很快通过优化团队成员、调整产品结构和大幅压缩成本，终于在 2016 年 10 月实现转亏为盈。2017 年，弘汉光电攻克技术难关，完全具备配套中高端大客户的技术实力和规模化量产的能力，因此很快获得爆发式增长，年营收突破 4 亿元。2017 年 10 月，弘信电子以 2 亿元正式收购弘汉光电剩余 49％股权，李奎及核心团队成员随之加盟弘信电子，李奎成为全国业务负责人。

在李奎看来，弘汉光电之所以能够很快取得阶段性成功，首先得益于公司在技术领域的前瞻性布局，以及生产效率的大幅提升。 在技术布局方面，李奎从一开始就将研发团队一分为二，一个团队负责新技术创新，一个团队负责短期产品研发，并且取得良好成效。 这得益于他在联想集团工作期间十分认可的一句话：企业必须吃着碗里的，看着锅里的，望着地里的，才能赢得可持续发展。 在生产效率方面，弘汉光电始终将成本和效率视为企业领先要诀，经过多年积累终于在2017 年收获成效，成为业内生产效率最高、制造成本最低的厂商之一。 此外，由于李奎极其厌恶大公司务虚、报告和层层请示的文化氛围，因此大力在公司推行单刀直入、对事不对人、效率优先的务实文化，最根本的是要解决问题，让整个团队极具执行力和凝聚力。"遇到问题不能推来推去，而是每个人都要往前顶，能多担当一点就多担当一点。"李奎说，"弘汉光电始终弥漫着艰苦奋斗的气氛，在园区一直都是最晚下班。"

当然，弘汉光电的阶段性成功离不开弘信电子的大力支持。 在弘汉光电最艰难的时刻，弘信电子不仅没有选择放弃，而且追加资金帮助弘汉光电扩产能、买设备、补短板，高峰时拆借资金达六七千万元，让弘汉光电成功渡过至暗时刻。"除了资金支持，弘信电子领导团队对弘汉光电的信任和鼓励更是无价的，让我们更有信心能够走出低谷。"李奎说，"现在再去反思跌入谷底的那段时间，最大的感悟就是创业需要积累，不能总想着一蹴而就，而是必须脚踏实地，创业者永远要对市场怀有敬畏之心。"

2018 年 3 月底，在李强和王毅的力荐下，李奎再担重任，正式出任弘信电子总经理，开始在更大平台上施展自己的经营管理才华。"无论从经营格局、管理思维，还是个人胸怀上看，李奎都是一位非常出色的经营者，由他出任总经理，不仅高效地完成了弘信电子二次创业的完美接力，而且一定能够强势推动公司迈上一个更高的发展台阶。"李强说。 新官上任后，李奎首先调整了经营观念，让客户至上理念深植每个员工的内心；其次提拔重用了一批有斗志有潜力的年轻人，让团队全面年轻化；此外，他还清晰梳理出未来发展战略，做出相关多元化发展布局。"实话实说，自己过去几年的成长远远超过早期十几年的成长。 作为总经理，任何问题都必须去面对和解决，在不断解决问题的过程中，经营管理认知获得很大提升。"李奎说，"在这个过程中，也逐渐形成了自己的经营管理信条——轻财足以聚人，律己足以服人，心宽足以得人，身先足以率人。"2019 年 3 月，李奎团队交出了一份出色的年度财报，营业收入达 22.49 亿元，同比增长 52.21%，净利润达 1.18 亿元，同比增长 63.17%。 然而，让李奎心有戚戚的却并不是成绩，而是沉甸甸的责任和压力。 因为他深知，道阻且长，行则将至，弘信电子在未来还有很长的路要走。

　　无论是从绝不可能创业到成为连续创业者的杨辉，还是从一个普通的资金管理员到撑起创业金融半边天的李萍，无论是卖房创业的高能创投斗士胡龙润，还是历经创业熔炼之旅的摇滚青年李奎……他们都只是弘信创业工场众多创业者中的普通一员。 创业是一条完全没有终点的修心之路，不仅需要勇气与能力，更需要情怀和梦想，但在以云创业为旗帜的弘信创业工场，大家似乎天生为创业而生，持续不断地涌现出优秀创业者，共同在"大众创业、万众创新"的时代浪潮中燃烧自己，追逐内心的创业理想。 这是因为在弘信创业工场，不仅有创业分享机制，也有成功创业方法，更重要的是还有一群永远充满创业激情的创业者一起在路上相互砥砺，结伴远行。 2019年初，为全面推动全员创业文化的进一步落地，弘信创业工场正式提出涵盖大合伙人、投资合伙人和事业合伙人在内的多层次合伙人经营管理机制，除了大合伙人和投资合伙人（股东）外，特别值得关注的是事业合伙人的提出，它面向那些对集团经营管理能够产生较大影响作用的经营管理人员，让他们虽然没有直接出资成为股东，也可以拥有集团的虚拟股份，并在一定程度上拥有效益分配权，当然也将在一定程度内承担企业亏损责任。 在成功创业的共性资源要素已然饱满的组织众创平台上，在共创共赢共享气氛浓烈的组织文化氛围中，一个个弘信创业工场人前赴后继，满怀爱拼敢赢的创业精神奔赴创业战场，点燃自己放飞梦想。

18 年前，在国有企业环境中沉浸十年的李强，虽有作为但却无法自主，于是一心寻求创业机会，然而改制创业后，他却深刻地感受到民营企业与国有企业在外部生存环境上存在的天壤之别。 于是，在破产边缘将自己的创业事业挽救回来并在此后取得阶段性成功后，他开始利用自己的成功经验搭建平台，从内部创业到开放平台整合产业链，再到一体两翼自建全程创业服务体系的双创生态，从尝试性地支持若干个创业公司创业成功到大举助力全产业链企业创业成功，再到全面营造创新创业生态圈实现共创共赢。 在 18 年的创业探索过程中，刚开始李强只有初心而没有路径，但一切却都在他带领企业坚守初心迸发行动的过程中自己涌现出来，并由此形成独具特色的云创业模式，弘信创业工场也终于逐渐成长为它本应该呈现出的样子。 生于这个大时代，一切都在极速变化，但对于弘信创业工场而言，只有一点永恒不变，那就是——士不可不弘信，弘信永远在创业。

延伸阅读

人工智能时代的弘信创业工场

2018 年 10 月，弘信创业工场成立厦门弘信人工智能科技有限公司（以下简称"弘信人工智能"），全面进军人工智能领域，专攻人工智能应用型产品的研发与制造。 在李强看来，移动互联是创新驱动中国的上半场，人工智能则是下半场；上半场已近结束，下半场大幕初开；在上半场，弘信创业工场收获颇丰，在下半场也绝不能缺席。

随着弘信电子、弘信博格、弘信物流、弘信科创已经在弘信创业工场平台上实现从无到有和由小到大，紧接着要实现的则是由大到强，这个过程必须依靠人工智能。 除了弘信人工智能，弘信创业工场旗下所有产业都将在未来全面人工智能化：弘信电子将实现制造装备的人工智能化，弘信博格将在全国合作医院导入人工智能医疗机器人，弘信物流将全力尝试推进无人驾驶配送，弘信科创则将在人工智能赋能双创生态方面持续探索……弘信创业工场希望全面借助人工智能，在各个领域都打造出百亿市值的企业。

在人工智能时代，本着"创业报国，科技强国，文化兴国"的全新企业使命，弘信创业工场将通过方法赋能、资源赋能与科技赋能，直击创业痛点与难点，为创业者提供覆盖创业全过程的系统解决方案。 其中，方法赋能指的是复制弘信创业工场孵化培育国内柔性电子第一股弘信电子的成功经验，为创业者提供系统的创业方法论，尤其在战略与管理机制等重大议题上提供策略辅导。 资源赋能指的是通过自建和整合资源，为企业提供从小额贷款、融资租赁、商业保理到供应链金融等不同类别的金融服务，破解融资难题；基于弘信创业工场作为国内移动互联全产业链整合平台的优势，为企业导入订单，解决企业市场难题；通过与政府对接协商，帮助企业争取政策扶持。 科技赋能指的是依托国家级高新技术企业弘信电子及崛起中的弘信人工智能，广泛链接全球科技资源，建立离岸孵化器，推动传统企业嫁接前沿技术，实现转型升级。 通过三维赋能，弘信创业工场将既授人以鱼，也授人以渔，激发创业者潜能，补足创业者短板，让创业更加容易成功。

在以产业为龙头、创新为导向、金融注活水、投资连纽带、园区大融合的崭新理念指引下，弘信创业工场正逐渐形成"1＋5＋N"的全新产业发展格局，通过弘信创业工场双创服务生态，围绕智能硬件、人工智能、航运物流、医疗健康和教育文创等五大产业，孵化培育出国内柔性电子领军企业弘信电子、人工智能新锐企业弘信人工智能、全国物流百强企业弘信物流、国内规模最大的专注于医疗健康领域的融资租赁平台弘信博格、国内高端教育平台厦门弘琪教育集团等龙头企业，再以控股、参股或园区招商等形式孵化、带动产业链上下游众多中小企业共同成长，进而搭建起一个生机勃勃的产业生态圈。截至目前，云创业生态圈已经拥有超过 3000 家企业共创共生、齐头并进，其中不乏喜马拉雅、新氧医美等独角兽企业，以及功夫动漫、咕啦电商、厦门象形远教网络科技有限公司、爱基因、厦门乃尔电子有限公司、云仓配等深受资本追捧的新锐创业公司，大批创新型企业在云创业生态圈蓬勃发展，成为创新驱动中国的一股重要力量。

结　语

　　韬光养晦和平发展 40 年后，中国还是不可避免地被拉入了一场没有硝烟的战争。 2019 年 5 月 10 日，美国总统特朗普（Donald Trump）宣布对价值 2000 亿美元的中国商品上调关税，从 10％提高到 25％。 这场以贸易为名的战争，实际剑指中国金融体系与《中国制造 2025》，其全面遏制中国的用意昭然若揭。 这是美国惯用的手段，20 世纪 80 年代曾借此成功打压日本，90 年代亦借此在亚洲掀起金融风暴，阻挡"亚洲四小龙"发展的步伐。 让美国没有想到的是，自己屡试不爽的招数这次在中国行不通了。 中国不仅没有屈服，而且十分硬气，硬气的背后是底气。 经过 40 年的改革开放，中国已发展成为全球制造中心，在众多核心产业都拥有从原材料到制成品的完整产业链，以及一大批训练有素的职业化高技能人才队伍。 与此同时，作为幅员辽阔、资源丰富、人口众多的国家，中国为企业提供了广阔的市场。 当然，虽然中国有决心也有信心能够渡过难关，但确实也面临巨大挑战，尤其是中国企业在诸多领域缺乏核心技术，产业话语权严重不足，中兴的遭遇就是典型案例。 面对美国的欺凌，外强中干的中兴只能被动挨打，被迫缴纳累计达 23 亿美元的天价罚款。 当然，华为遭遇美国打压却能毅然退出美国市场，并启用长期备胎海思芯片，也让国人看到了希望。

事实上，美国之所以对《中国制造 2025》很有意见，很大程度上是因为固有的体制成见，对于中国以举国之力全力支持相关高科技企业，在至关重要的核心技术领域实现突破和引领，进而让国家在未来的全球竞争中占据优势的做法极不认同，但对于中国而言，这是确保国家未来不再受制于人的有效解决方案。 其中，以京东方在全球液晶面板研发制造领域的快速崛起最具代表性。 除了资金支持，国家在市场层面同样可以大有作为。 例如，美国在全球范围内封锁华为，中国政府马上提前一年发放 5G 商用牌照，全力支持华为在 5G 商用领域引领全球。 此外，由于受到美国政府移民新政及在招聘层面对中国籍高科技人才制定歧视性政策的影响，总数达百万量级的海外高科技人才将纷纷选择归国创业与就业，国家和地方政府同样可以通过有效的机制设计，全面助力优秀高科技企业储备尖端人才，为企业实现跨越式发展注入强大创新动能。随着全球科技竞争越来越上升到国家战略层面，在有效的机制设计的前提下，举国之力支持优秀科技企业在核心技术领域实现全球领先将逐渐成为常态。

国家层面如此，地方政府亦然。 事实上，当下国内区域竞争的激烈程度丝毫不逊色于全球各国之间的竞争。 然而，虽然各地政府掌握着地方资源，但却依然在招商引资、产业发展、创新创业驱动上心有余而力不足，进而导致招商乏力、项目烂尾，甚至投入巨额资金却没有丝毫回响，无法为当地真正根植具有长远未来发展的战略性新兴产业，更无力为创新创业滋养出肥沃土壤。 通常而言，地方政府在招商过程中会面临三大问题：第一，如何选择合适的招商项目；第二，如何高效赋能招商项目；第三，如何有效吸引民间资本参与。　主要原因在于：第一，政府中缺乏专业的复合型招商人员，现有政府体制实行定岗定编，缺乏市场化对标的招商成果绩效激励体系，复合型招商人才较为稀缺，普遍对产业链缺乏深刻理解，很难把握产业发展的前沿趋势；第二，政府中缺乏为企业和产业赋能的专业机构，各地政府招商项目的落地工作大多都通过分工组织推进实施，例如商务局引进、经信局和科技局评估、发改局立项、规划局出土地等，所有参与部门都是管理机构，而非赋能机构；第三，政府中缺乏产业与金融融合的抓手和工具，大多数地方政府都不具备与希望引入的产业相关的产业金融背景，或者国资资本化进展较慢，导致成立的招商型母基金退出路径不足。　云创业平台通过发掘各区域资源的异质性禀赋差异和梯度落差效应，在政府与企业之间搭建桥梁，实现双向赋能，既能帮助地方政府完成产业招商，也能帮助龙头企业实现低成本布局，促进资源高效配置，带动产业转型升级。因此，在各地政府现有的组织机制下，以招商型母基金为抓手，联合外部如云创业母基金这样真正具备深厚的产业招商、产业投资、产业赋能背景的市场化基金管理机构，充分发挥各自优势，共同强化产业招商能力，并为引入的产业和企业可持续地完成全方位赋能，确实是最优选择之一。

　　由弘信创业工场锻造的云创业平台提出的方法赋能、资源赋能与科技赋能，呼应了时代要求，与国家命运同频共振，并紧紧抓住移动互联、人工智能与 5G 技术变革的趋势，以无边界组织的开放胸襟，有效链接各方资源。　通过与传统行业央企巨头、家族基金、政府引导基金等各类资本合作，将 Old Money 导入创新企业，并以基于实践的赋能方法论，在诸多维度上解决企业发展难题。 云创业平台深刻理解企业创新面临的人才、成本、效率、市场等众多难题，开创性地创造出大小企业联动发展的创新范式，通过扶持具备创新力的小微企业作为大企业的体外孵化器，再由大企业收购创新成果，并在资本市场完成变现退出，让大企业持续保有创新动能、小企业持续获得快速成长，Old Money 获得投资回报，并成功转化为 New Money，就此形成小企业创新、大企业发展、资本增值、产业升级的良性循环，源源不断地创造新价值。 云创业平台就此实现为地方政府高效聚集优质产业及优秀创业公司、为传统资本高效开辟优质资产配置渠道、为高科技创业英才高效提供全套创业资源支持、为龙头企业高效布局优质创业资产，最终营造出四方共创共赢和共享的完美局面。

星星之火，可以燎原。"大众创业、万众创新"早已不是一城一地的发展战略，而是举国经济的转型大计。 弘信创业工场以坚定的探索回应时代的呼声，李强及其带领下的弘信人，弘毅坚忍，百折不挠，将自身命运与生养自己的国家和民族紧密相连，竭尽全力投身创新创业浪潮，共同追逐中华民族全面复兴的伟大梦想。

附录

云创业平台研究
（论文节选）

作者：李强

摘　要：现实创业过程中，创业者无法专注于自己所长，势必影响企业核心竞争力的构建，造成创业失败的概率增加。在这种背景下，本文通过对创业过程理论及创业实践研究，提出了一种新的创业辅助性组织——云创业平台，以团队创业的形式解决创业过程中的各种资源配置及运营问题，以期提高创业成功的概率。

关键词：云计算；云创业平台；创业辅助性组织；创业过程；创业工场

一、导论

随着创业研究的不断深入，围绕着创业者的创业活动，现实中出现了许多为创业者提供服务的组织，如创业类网站、专利交易平台、创业投资机构、网络交易平台、企业内部创业、创业教育和培训机构、企业孵化器等，它们的出现，大大减少了创业者的诸多问题，提高了创业成功的概率。但是作为一项复杂的社会经济活动，创业过程中大量具体而微的事务仍然需要创业者亲力亲为耗费大量的资源和时间精力去处理，而其中有很多是创业者自己并不擅长的。创业者无法专注于自己所长，势必影响企业核心竞争力的构建,创业失败的概率依然很大。

在这种背景下,笔者组尝试着提出一种新的组织,不仅能承担起创业者的整个创业过程,以团队创业的形式解决创业过程中的各种问题,提高创业成功的概率,而且能通过民营企业的联合,改变民企的生存发展环境,让更多中小企业组成"联合舰队"型企业,获得更大的资源索取权,争取更多的生存与发展空间。

借鉴"云计算"这种思想,笔者提出"云创业平台"的概念。创业者将产品与创意与云创业平台结合,由云创业平台提供与组合相应的资源与创业者分享与协作。创业者从自主创业转变为合作创业。创业者与云创业平台的关系是协作的关系,是伙伴。因此,云创业平台的社会价值必然会被社会所认可。笔者带着这样一种使命和信念,将对云创业平台展开深入的研究,以期构建一种切实可行的创业辅助模式。

二、云创业平台的演变与形成

1.创业辅助性组织的演进

我们将在创业过程中为创业主体提供各类服务,协助创业的这一类组织称为创业辅助性组织。在对创业类网站、专利交易平台、创业投资机构、网络交易平台、企业内部创业、创业教育和培训机构、企业孵化器等各类创业辅助性组织的研究与分析后,笔者发现,虽然这些创业辅助性组织有着自身的独特优势,促进了资源的有效配置,对于创业活动的开展提供了强有力的支持作用,但是其本身方面也存在着一些不足之处。这里主要总结为三个方面:

(1)缺乏持续性。创业辅助性组织往往存在于或者说是发生作用于创业的某一个阶段,不能很好地贯穿整个创业的流程中，一个创业机会的产生到创业的完成可能需要许多的创业辅助组织的资源注入，而这一切的协调工作则需要创业主体来完成，这大大增加了创业主体的工作量。

（2）缺乏主动性。创业辅助性组织，着重于对创业主体以及创业机会的服务，往往是需求产生后，在创业主体的联络下进入创业过程，对于创业过程的主动引导作用较弱，所处的角色往往也比较被动。

（3）风险承受能力较弱。由于是以创业机会为核心而组成的松散的资源组合，因此，一旦面临创业风险时，创业活动中的任何参与一方都无法有效控制这其中所产生的风险，而这往往会给创业活动带来致命的打击。

"云创业"作为新兴的创业辅助性组织，能够搭建一个开放的创业平台，汇聚各种资源，整合各种资源，输出给创业团队，帮助企业诞生并突破瓶颈加速成长。此外，通过云创业形成企业联盟，以规模的力量获得强大的资源索取权与议价能力，进一步整合各种资源为创业企业服务。联盟中的创业企业可以共享这些资源，获得单个中小企业难以企及的优质资源。

2.云创业平台的思想来源——云计算

云创业平台的这种思想来源于计算机领域的云计算，即利用网络把计算实体整合成一个具有强大计算能力的平台系统，并借助先进的商业模式把这强大的计算能力分布到终端用户手中，按需服务。

从本质上来讲，云创业平台是一个企业孵化器，但是，市场上绝大多数的孵化器都处在传统孵化器的阶段，即为创业初期资金困难的企业在资金、场地和管理等方面提供援助，以帮助其独立成长。传统孵化器与云创业平台的区别在于，云创业平台在完成了传统孵化器的任务之外,还通过联盟、参股、控股等形式,将加入创业平台的企业形成一个巨大的企业联盟。在联盟内部和外部进行大规模的资源整合,为创业企业提供更加有力的支持,联盟可以长期存在,而这也是云创业平台最标志性的意义。

3.云创业平台的功能

云创业平台应该具有如下五项功能,如图 1 所示。

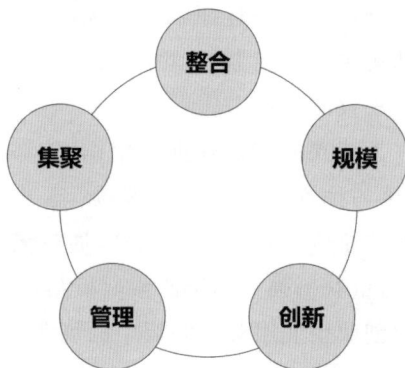

图 1 云创业平台的功能

(1)整合功能。社会上的各种优势资源是散落分布而没有规律的,而云创业平台正好具有这样的整合功能。首先,明确政府各职能部门的分布及工作流程,由孵化器工作人员专门负责企业运营中与政府部门相关的内容;其次,云创业平台将在社会上众多服务资源中挑选优质机构,与其形成战略合作联盟,为平台内企业提供各种需要的服务。

(2)集聚功能。在集聚功能的体现上,云创业平台不仅集聚了社会上的优势资源,同时,也集聚了一批有着新生命力的初创企业和企业家,以及一批风险投资资金。这对于一个区域的经济发展来说,是最关键的发展动力。企业和企业家不光是实体空间上聚集在云创业平台,其最活跃的思维、最具创造力的才华也汇集在此。根据硅谷银行的调查,美国 21% 的 GDP 是由接受风险投资公司支持的公司创造出来的。

(3)规模功能。云创业平台的规模功能是建立在其上述两个功能的基础之上的。对于云创业平台来说,适量新创企业的聚集分摊了场地、设施的租赁费用,降低了云创业平台提供管理服务的成本,这样的规模效应不但有利于新创企业控制成本投入,还有利于云创业平台管理效益的提高。同时,新创企业对社会服务的需求也较为集中,为社会服务机构的提供了规模信息量,拓展其业务渠道。

(4)管理功能。云创业平台为企业提供完善的外部资源的同时,更重要的是帮助企业建立了属于自己的适合的管理机制,基本上在新创企业中承担了企业全程管理者的角色。这包括行政管理、人事管理、财务管理、业务管理、市场管理、战略管理等方方面面。云创业平台可帮助企业建立顺畅有效的机制,培养与招聘优秀的管理人才。

(5)创新功能。云创业平台的创新功能不仅体现在以这样一种新形式来协助创业者和初创企业走过最艰难的时期,教会他们如何管理经营一个企业。还体现在,它能促进科技成果商业转化,形成市场产品的创新行为。因此云创业平台可谓之教育、过程、系统、组织、环境等一系列相融合的要素而形成的一个具有创新功能的管理过程。

三、云创业平台的组织与运行过程

1.云创业平台内部要素

云创业平台的内部要素由共性资源要素和个性资源要素组成。

（1）共性资源

云创业平台是一种完全不同的商业模式。不管政府"孵化器"，或是创业园，为创业者提供的只是一两个层面的资源，比如启动资金、厂房等，而像云创业平台这样，细到为企业提供品牌，规划发展战略，以及融资、政府资源、经营管理模式、人才聚集等"一站式"、全方位地服务，是政府的平台不能比拟的。同时，云创业平台比政府背景下的创业孵化器或其他中介机构更懂企业，知道企业需要什么。云创业平台上运营的共性资源包括品牌、资金、管理机制、人才与社会资源、价值链资源等。

（2）个性资源

个性资源包括平台所拥有的产品、技术或者市场。云创业平台的一整套经营机制使得平台上的企业能够聚焦到自己的企业核心竞争力上，如专心跑市场营销，专心抓产品质量以及服务客户，专心经营个性化的技术，提升专业水平和效率，降低成本，优化资源配置，获得最快的成长。

由于云创业平台内部实施合理的专业分工，作为公共平台的创业工场专注于共性资源积累与运作，产业公司则专注于行业领域的研究与运作，大家都聚焦于自己擅长和喜欢的专业，专者愈专，强者愈强。同时，通过股权纽带关系和有效的激励机制在平台与产业经营团队之间形成合理的利益分配机制，来保障企业的可持续发展。

综合来看，云创业平台的内部要素如图 2 所示。

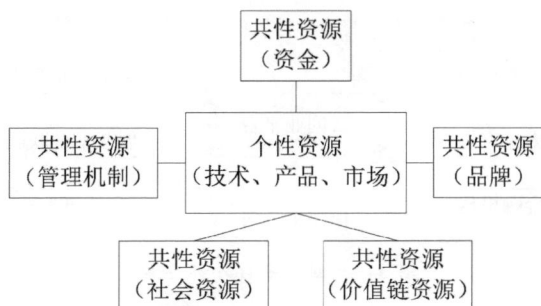

图 2　云创业平台内部要素

2.云创业平台外部要素

云创业平台不但为初创企业撑起一个"保护伞"，还通过自身独特的资源和核心竞争能力，为平台上的企业提供专业化的技术服务、经营管理服务和政策指导服务，同时作为一个积极的中介组织者，帮助平台上的企业建立起与外部资源的网络连接关系，促进其网络关系的形成和发展，接受高质量和专业化的服务。

创业平台自身的资源和能力远不能满足初创企业的全部需求，而且从服务可获得性和服务成本来看，创业平台也没有必要无限制地增加其资源供给能力。其自身具备的资源和能力的限制决定了创业平台必须借助于外部关系网络实现资源外取。云创业平台的外部资源因素或独立或彼此联系、相互制约，共同为平台上企业和创业平台的协调发展提供支持，平台外部资源要素互相联系、互相作用，共同构成了云创业平台的外部环境系统，如图 3 所示。

其中，云创业平台与产业管理部门、行业协会等组织建立关系，为平台企业提供产业政策资源及信息资源；与大学、科研机构建立合作关系，为平台企业提供技术支持成果转化；与金融机

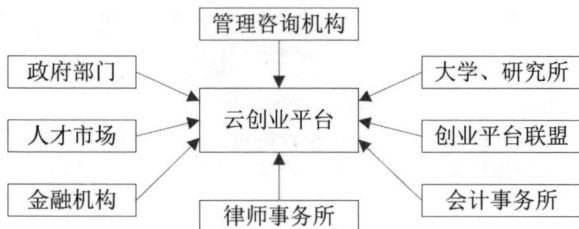

图 3　云创业平台外部要素

构联系,为平台企业提供资金支持;与行业内企业及产业链的上下游企业建立合作,以帮助建立良好的产业链。

在"云创业"模式下,要在更大的空间内整合资源,实现资源的流动,就需要云创业里的群体都能有足够开放的心态,打破企业之间的边界,形成联盟,把资源向外界开放,从而聚集更多的资源,使资源流淌起来。在这一模式下,创业者可以获得来自各方面的资源支持,以群体的力量对抗创业中可能遭遇的风险,传统创业那种"不成功便成仁"的风险就大大降低了。

3.云创业平台的组织架构

云创业平台作为社会经济组织中的一种,也可以视为一个系统。云创业平台的组织架构包括相互独立且相互制衡的职能部门以及不同的产业部门,其架构如图 4 所示。

云创业平台的组织结构中包括各类职能部门,类似一般企业组织结构,如市场部、企划部、财务部、人力资源部等。各职能部门之间应该各司其职、相互促进又相互制衡。应该坚持建立规范的企业管理结构,通过企业权力机构、经营机构和监督机构相互独立、相互制衡的关系。企业运行公开、透明、规范,决策民主、科学,确保了各方利益的均衡。

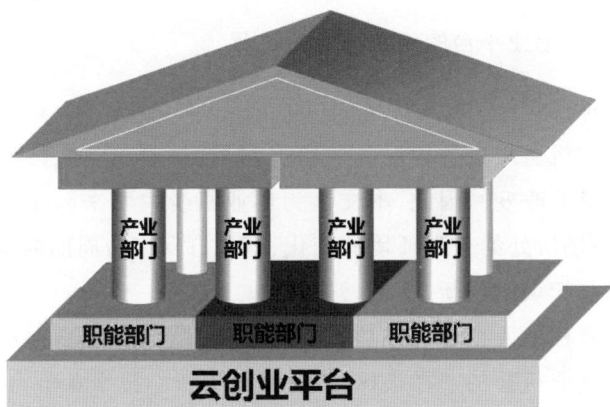

图 4　云创业平台的组织架构

　　云创业平台中的产业"部门"是指平台上的初创企业，这些企业分别处于不同的行业中。各个产业部门间相互独立，但均共同利用云创业平台上的共性资源，均分别和平台上的职能部门发生关系。

　　各产业"部门"均应在"全价值链整合"的理念之下，积极思考、定位，寻找战略目标，并且获得了长足的进步和成长。"全价值链整合"，是指企业在思考自身定位和设计产品与服务时，要站在整条价值链上来定位自己，如价值链是否存在，如何通过建立信用体系连接、加长价值链，上下游关系的协同作用，横向整合或是纵向整合，如何提供有附加值的产品和服务，如何通过核心竞争力的培育，力争成为价值链的"链主"，等等。当这些问题都思考得非常清楚，并且做到的话，企业自然就能持续发展并且在产业中拥有自己的一席之地。

四、云创业平台的组织与运行过程

1.创业机会获取与评价

创业机会来自各种混乱的情况,包括技术、企业自身、市场以及政策的改变。因此,本文认为创业机会主要来源于三个方面,即市场所处的宏观环境的变化、产业自身生命周期的变化以及技术和知识的创新。

笔者根据所在企业成功实施云创业平台的经验,提出云创业平台创业机会的选择指标体系,具体为核心技术竞争力、创业团队综合素质、市场前景,其下共设立15个子指标,具体构建如表1所示。

表1 云创业平台创业机会选择评价指标体系

目标层	因素层	指标层
云创业平台创业机会选择评价指标体系	核心技术竞争力	技术含金量
		技术适用性
		技术可替代性
		技术成熟可靠性
		技术研发周期
	创业团队综合素质	企业家的背景经历与行业经验
		企业家的领导能力
		企业家的诚信度
		团队成员的向心性
		团队成员的知识和经验完备率
	市场前景	市场规模及消费预测
		政策法律的完备性和稳定性
		目前的竞争状况
		市场进入壁垒
		行业所处发展阶段

2.评价模型的选择——"模糊—灰色聚类法"

在创业投资选择评价中，模糊性和灰性常常是相伴相随的，因此把二者结合起来，针对创业投资项目综合评价的模糊性和灰性的特点，利用灰色聚类理论得到指标的灰色统计量，构造项目模糊隶属度矩阵，构造"模糊—灰色聚类法"的选择评价模型，使创业投资项目选择评价模型更适应创业项目的模糊性和灰色的特点。

模糊灰色综合评价模型的建设就是在考虑到创业项目在评判过程中的信息不完全的情况下，利用灰色聚类理论得到灰色统计量，进而构造出模糊隶属度矩阵，最后采用模糊算法算出风险的大小，对项目进行评价。

3.实证分析

笔者以所在单位厦门弘信创业工场所打造的弘信云创业平台在选择弘信电子时的真实选择过程演示出来。具体的选择过程如下：首先，应用 AHP 法确定各因素权重。厦门弘信云创业平台的董事们根据笔者构造的三大指标体系，进行了充分的讨论，笔者根据他们的讨论意见构造了判断矩阵。其次，构造隶属度矩阵 R，制定评价等级指标和标准。先计算核心技术竞争力 X1 的子指标的隶属度矩阵 R1。包括笔者在内，有 5 位董事会成员参与了对该项目的评价，各位董事根据自己所掌握的弘信电子的实际情况对各指标进行打分，确定各子指标的状况。接下来，确定评价灰类和白化权函数。最后，计算灰色评价系数。进行模糊综合评判后，计算结果表明，弘信电子合作项目隶属"差"、"中"、"优"的程度分别为15.01％、34.40％、50.59％，所以此项目属于优等项目，可以对其进行投资。而实践也证明，弘信云创业平台对该项目的投资是非常成功的。

五、云创业平台资源配置机制

1.云创业平台资源要素

云创业平台可以创造一个资源汇集的创业环境，在更大的空间范围内整合各种资源，实现资源的高效流动。 这些资源要素包括资金、技术、人才、专业管理服务体系和基础性服务设施，它们对创业企业的作用机理如图 5 所示。

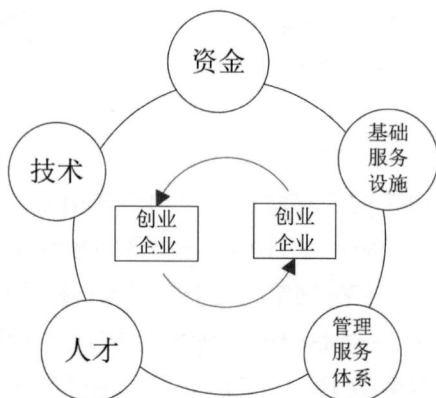

图 5　云创业平台各资源要素作用机理

2.基于共享机制的云创业平台内部资源整合

(1)资源共享机制的内涵

由于信息技术的发展和核心能力培育速度的加快，有效提高云创业平台的整体竞争优势、促进提高资源共享程度固然重要，更重要的是建立具有动态适应和调节能力的机制。 我们称这种机制为共享机制，它包括资源共享的运作机制、资源共

享的市场适应机制、资源共享的文化倡导与激励机制和共享的
平台构建四个方面。

（2）资源共享机制的构建原则

①以人为本的资源共享

②内外动力共同驱动的资源共享

③柔性化资源共享

④集中与分散相结合的资源共享

3.基于共享机制的云创业平台资源整合模式选择

借鉴企业平台内部资源共享的实践经验，云创业平台内部
资源共享可以分为三种模式，即集中型资源共享、网络型资源
共享和混合型网络共享（图6）。

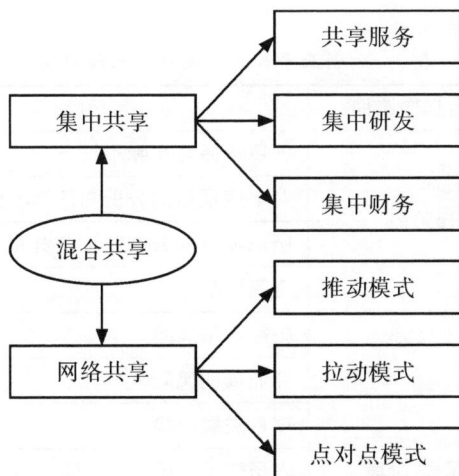

图6 基于共享机制的云创业平台资源整合模式选择

六、云创业平台风险管理

云创业平台风险识别就是要辨识云创业组织运营过程中的风险。云创业风险识别阶段所要解决的主要问题有：云创业平台风险识别的方法；云创业组织的风险因素；云创业风险识别流程等。

云创业平台风险的流程化识别法是指将云创业组织的运营构建为一系列的流程图，针对流程图中的每一环节有针对性地进行风险识别。云创业的风险识别流程也可以划分为：项目选择阶段的风险识别、项目投资帮扶阶段的风险识别、项目成熟及后续服务阶段的风险识别，云创业平台基于流程的风险识别如表 2 所示。

表 2　云创业平台基于流程的风险识别

云创业平台运作流程	风险
项目选择阶段	项目选择与实际不符
	对申请项目的分析与评价不合理
	所选项目与云创业平台资源不符
	合同风险
项目投资帮扶阶段	国家政策风险
	商业周期风险
	项目进展风险
	人员变动风险
	市场竞争风险
	技术变动风险
	管理风险

续表

云创业平台运作流程	风险
项目成熟与后续服务阶段	项目成熟标准制定不合理
	后续跟踪不合理
	云创业资金退出与再投入风险

云创业平台的风险评价是指对平台所面临的风险进行综合分析，并依据风险发生的可能性及其对组织的影响程度进行量化和排序的过程。它是在云创业平台风险识别的基础上，通过建立风险评价的指标体系，对平台的各风险因素进行综合分析，估算风险发生的概率及可能的损失大小，从而找出云创业平台的主要风险，并确定整体风险水平，为科学处置这些风险提供理论依据。

云创业平台的风险预警是指对云创业组织在经营过程中可能会出现的风险进行分析和预测，根据风险发生的概率和影响程度事先发出警报，提请云创业组织的管理层和决策者警惕风险，以便做出科学的决策。

七、云创业平台案例分析

1.厦门弘信创业工场介绍

厦门弘信创业工场投资股份有限公司成立于2001年。在长期的创业过程中，本人发现企业的成功是有规律可循的。企业就像产品一样，是一个个要素的集合体，比如资本、社会资源、品牌、战略管理、风险管理、技术、市场、客户等等。然而，草根的创业者们在创业时很多只有一技之长，当企业发展到一定阶段，综合能力不足的瓶颈就暴露出来，这将极大地制约企业发展。

认识到这一规律后，弘信创业工场致力于打造一个公共创业平台，把创业所需的共性要素进行集合运作，在股权纽带下，与创业团队紧密协作，补足创业企业短板，使他们能聚焦精力在自己所擅长的领域，从而帮助企业抵御风险，提升运营效率，缩短创业进程，更快迈向成功。

弘信云创业平台具有资源聚合、提升资源效用、降低创业风险的功能。

与传统企业模式相比，在云创业模式下，可以在更大的空间内整合资源、实现资源的流动。 同时，云创业里有各种各样的资源，充满了知识与智慧，可以相互碰撞、相互影响，迸发出更多的智慧，创造更多的能量，诞生新的技术、新的管理思想、新的商业模式，帮助云系里的企业更快成功。 而这反过来又将进一步带来更多的资源与能量，促进整个云创业生态系统的良性循环。

传统企业和云创业企业的对比如表 7-1 所示。

表 7-1　传统企业和云创业企业的对比

传统企业	云创业企业
企业是封闭性组织	企业是开放式平台
过分强调个体边界	强调无边界组织
自由资源自体循环	在社会范围内聚合资源
外部：竞争者或非相关	外部：合作伙伴、利益相关
效率低下，自生自灭	提升效率，携手发展

2.弘信物流——重组整合创造全新价值

2006年厦门宏象物流科技有限公司加盟弘信创业,随后更名为弘信物流。 弘信创业发挥自身的品牌、银行资源以及社会资源优势,为弘信物流吸引一流的人才加盟,创新商业模式,梳理企业战略,形成以"客户、资源和资金"为核心的三核驱动发展模式,通过不断有机整合物流的功能型环节,为客户提供一体化解决方案,并根据客户需求研发个性化的增值型服务,将物流服务贯穿客户企业的整个供应链。 通过整合重组,宏象物流实现从功能型物流向管理型物流的蜕变,从一家在传统领域肉博厮杀的普通物流企业华丽变身成为一个具有独特商业模式与核心竞争力的现代供应链管理公司。

弘信物流的成功,在于弘信创业工场提供了一个平台,在这个平台上诸如工商税务、银行融资、品牌树立等共性事务,都由弘信创业工场负责,专业分工大大解放了弘信物流创业者们的时间、精力,使他们能够专注于自己娴熟并且热爱的物流专业,这群原本很难成为企业家和创业者的知识分子实现了梦想,从而迸发出巨大的创业热情和动能,造就了弘信物流的成长。

3.弘信电子——资源输入助推企业成长

2003年,创业者王毅、李毅峰携技术找到弘信,双方合资合作成立弘信电子公司。 九年来,通过弘信创业工场输入的社会资源、战略资源、品牌资源与资金资源,王毅团队心无旁骛专注于技术研发与生产制造,坚持走自主创新道路,使弘信电子实现了跨越式成长,从只有150万元注册资本的作坊式小厂发展成为年营收达数亿元,集挠性印制电路板(FPC)研发、设计、制造、销售为一体的高新技术企业。 近六年来,弘信电子均实现 50％以上的年复合增长率，被科技部评为"国家创新型试点企业"，成为天马、联想、京东方、比亚迪等知名企业战略合作伙伴。 其三期工程将建设国内最大的柔板工业园，首期于 2011 年正式投产，将进一步增强弘信电子的行业地位，进而确立其最具创新能力和技术能力的民族品牌形象。

王毅、李毅峰带领的创业团队在弘信创业工场的平台上获得了巨大的成功。 总结其原因，应该是完美的互补性合作。李强领导下的弘信创业工场使得创业团队原有的融资能力、整合社会资源、品牌、经营战略等方面的"短板"得到了有效的弥补。

八、结语

1.全文总结

本文借鉴云计算思想，提出了云创业平台的概念，并对其构建与运行机制进行了深入分析，主要结论如下：

（1）云创业平台是创业辅助性组织的高级阶段，可作用于创业过程的每一个阶段，且抗风险能力得到了极大地提升。

（2）网游创业平台和李开复的创新工场是云创业平台的一个雏形。

（3）云创业平台的本质是孵化器、养鸡场、托管人、大型企业集合体。 价值体现：针对初创企业不足，输出资源，助力成长。

（4）传统孵化器与它与云创业平台的区别在于，传统孵化器的任务局限于创业企业早期所需的基本服务。 云创业平台的职能是传统孵化器职能的进一步拓展，在完成了传统孵化器所要完成的工作外，云创业平台整合创业企业后期发展所需资源，在企业发展路径选择，变革内部组织体系应对不同阶段发展，整合供应链上下游资源，资本市场对接等，推动创业企业在完成早期的生存与发展之后进一步壮大企业规模与实力。

2.主要创新点

(1)借鉴"云计算"思想，界定了云创业平台的概念。

(2)提出了创业辅助性组织的概念，将云创业平台视为创业辅助性组织的最高发展阶段。

(3)探讨了云创业平台的构成要素、组织结构、主体、形态及类型，并在此基础上，描述了云创业平台的运行过程。

扫一扫,关注弘信云创业,
查看论文全部章节